INVENTAIRE
V48821

AF359974

DES ASSURANCES

CONTRE LA

MORTALITÉ DU BÉTAIL

CONSIDÉRÉES AU POINT DE VUE

DE LEUR HISTORIQUE, DE LEUR IMPORTANCE

DU MODE A ADOPTER

ET DES CONDITIONS PARTICULIÈRES ESSENTIELLES A LEUR SUCCÈS

SYSTÈME MUTUEL LOCALISÉ

Par C. PARANT

VÉTÉRINAIRE A FAULQUEMONT, GÉRANT DE L'ASSOCIATION MUTUELLE DUDIT LIEU CONTRE
LA MORTALITÉ DU BÉTAIL, MEMBRE DE L'ACADÉMIE NATIONALE AGRICOLE
MANUFACTURIÈRE ET COMMERCIALE, ET DU COMICE AGRICOLE DE METZ

« La solidarité universelle est une partie de la vérité. »
Principes supérieurs de la morale, Lyon, 1850.

PARIS

CHEZ ARMAND ANGER

LIBRAIRIE DES ASSURANCES

48, RUE LAFFITTE, 48

1867

DES ASSURANCES

CONTRE LA

MORTALITÉ DU BÉTAIL

CONSIDÉRÉES AU POINT DE VUE

DE LEUR HISTORIQUE, DE LEUR IMPORTANCE

DU MODE A ADOPTER

ET DES CONDITIONS PARTICULIÈRES ESSENTIELLES A LEUR SUCCÈS

SYSTÈME MUTUEL LOCALISÉ

Par C. PARANT

VÉTÉRINAIRE A FAULQUEMONT, GÉRANT DE L'ASSOCIATION MUTUELLE DUDIT LIEU CONTRE
LA MORTALITÉ DU BÉTAIL, MEMBRE DE L'ACADÉMIE NATIONALE AGRICOLE
MANUFACTURIÈRE ET COMMERCIALE, ET DU COMICE AGRICOLE DE METZ

« La solidarité universelle est une partie de la vérité. »
Principes supérieurs de la morale, Lyon, 1859.

PARIS

CHEZ ARMAND ANGER

LIBRAIRIE DES ASSURANCES

48, RUE LAFFITTE, 48

—

1867

La reproduction, même partielle, est interdite sans la permission de l'auteur.

Metz, imprimerie de V. MALINE.

AVANT-PROPOS

L'opinion admise jusqu'aujourd'hui c'est , sinon l'impossibilité , au moins les grandes difficultés que présentent la création et le fonctionnement d'assurances contre la mortalité du bétail. Est-elle le résultat de l'insuffisance de l'étude ou bien de l'observation d'insuccès avérés? Les deux semblent y avoir contribué. Ajouter à la première hypothèse et signaler certaines causes de la seconde, tel est le double but que nous nous sommes proposé.

Et d'abord la mortalité du bétail peut-elle être comprise dans l'ordre des risques assurables? M. de Courcy répond affirmativement à cette question.

Les risques de mortalité du bétail présentent tous les caractères requis pour l'assurance : ils dépendent de circonstances aléatoires comme ceux de l'incendie et de la grêle, puisque chaque année voit périr des animaux comme brûler des maisons et dévaster des récoltes ; les sinistres de bétail ont le caractère soudain des autres ,

puisque la maladie qui les cause est elle-même sou-
daine, elle débute subitement ; 90 fois sur 100 ils sont
fortuits, puisque les affections sporadiques et les
accidents chirurgicaux et de parturition sont, dans ces
proportions, des causes de mortalité ; ils acquerraient
la stabilité de ceux d'incendie par l'assurance, qui
constituerait un obstacle sérieux à l'invasion et surtout
à l'extension des maladies contagieuses. Il reste la
facilité de fixer les cotisations, qui laisse encore à
désirer, mais qui, en mutualité, est d'une importance
secondaire ; puis serait-il donc si difficile d'obtenir des
bases solides au moyen des statistiques officielles et de
celles que le corps vétérinaire pourrait produire ?

Ainsi donc, danger pour le propriétaire, danger
incertain pour le garant, tels sont les titres essentiels
que présente la mortalité du bétail à l'assurance.

Mais, disent les assureurs, jusqu'aujourd'hui le
fonctionnement de cette branche n'a donné que de
mauvais résultats, tenant certainement à l'imperfection
des procédés connus ; nous ne pouvons donc offrir nos
armes, victorieuses du *hasard*, au service de sa cause,
avant que ces imperfections soient corrigées.

Frappé de tels raisonnements, et surtout du silence
des auteurs à l'égard des assurances du bétail, nous
avons cru nous rendre utile en réunissant nos observations éparses de huit années d'exercice en la matière
pour apporter notre grain, si petit qu'il soit, dans
l'immense lacune qu'on observe dans les assurances
agricoles ; nous avons été ainsi amené à exposer
certains procédés et règles particulières qui nous

paraissent en faciliter l'application. Puissions-nous avoir réussi !

Si nous nous sommes hasardé sur un champ aussi aride et se prêtant si facilement à la controverse, c'est parce que nous sommes convaincu de son importance immense, démontrée par les nombreux intérêts qui s'y rattachent et parmi lesquels nous placerons : *la prospérité et la moralité agricoles en y apportant la sécurité matérielle ; l'alimentation et l'hygiène publiques; l'économie pour les caisses départementales ; l'amélioration des races; la garantie d'une fortune privée, avec exonération de frais.*

DES ASSURANCES

CONTRE LA

MORTALITÉ DU BÉTAIL

———⊱—✶—⊰———

SYSTÈME MUTUEL LOCALISÉ

———⊱—✶—⊰———

I.

Esquisse historique.

En agriculture, les institutions qui poursuivent l'œuvre de la création et des perfectionnements sont très-nombreuses. Les sociétés agricoles, les expositions et concours divers, les publications spéciales, en mettant à la portée de l'exploitant les faits et observations pratiques de tous pays et la partie des sciences naturelles qui a rapport à l'exploitation, ont prêté à la grande industrie un appui efficace, dont chacun peut apprécier l'importance des services. Mais les moyens de conserver les produits surgis de ces puissants auxiliaires sont très-rares; jusqu'ici nos cultivateurs ont peu goûté les quelques procédés pratiques qui ont été tentés pour atteindre ce résultat, au moins contre la mortalité des animaux.

La *Caisse générale des assurances mutuelles agricoles* a appliqué un procédé du système mutuel contre la mortalité du bétail; mais la fin n'ayant pas sanctionné l'efficacité des moyens, elle a dû abandonner son œuvre. L'utilité de son passage est néanmoins marquée par l'enseignement, qu'elle lègue, des pratiques qui ne lui ont pas réussi.

Les causes rationnelles de son insuccès peuvent être rapportées à trois ordres essentiels : 1° la trop grande étendue de pays sur lequel elle agissait ; 2° le mauvais choix de ses représentants ; 3° l'imperfection de ses statuts.

A. L'excès d'étendue de son action exigeait un agencement considérable entraînant de lourds frais d'administration à la charge des assurés, et la situation de son siége social à Paris, où toutes dépenses pour location de logements, rémunération d'employés, etc., étaient exagérées relativement aux bénéfices, réalisés à grandes sueurs de ceux qui les fournissaient ; d'où des primes trop élevées éloignant les propriétaires dans de bonnes conditions, qui préfèrent se trouver en présence de risques éventuels que de payer une cotisation ruineuse.

Le siége social étant à Paris, la plupart des adhérents, à moins de s'astreindre à des dépenses pouvant tripler, et peut-être plus, leur cotisation, pour assister aux réunions, auxquelles ils n'étaient même pas convoqués, ne pouvant directement ni indirectement se rendre compte des résultats obtenus dans chaque exercice et de la raison d'être des actes particuliers de l'administration, devaient faire un acte de foi en souscrivant ; or chacun sait combien à la campagne ces actes de foi sont peu communs en matière d'intérêt.

B. Les représentants de cette société étaient les instituteurs, qui, en fait d'assurances bétail, sont dépourvus des aptitudes indispensables à la bonne gestion du mandat qui leur était confié ; ils lui ont été nuisibles au cas particulier, en favorisant insciemment quelques associés au détriment des autres, et, par conséquent, des intérêts matériels et moraux de l'institution.

Que devait-il arriver et qu'est-il advenu en effet de ce concours de mandataires inaptes à apercevoir les nombreuses circonstances qui rendent certains animaux inadmissibles à l'assurance ? C'est qu'un certain nombre d'associés, propriétaires de mauvaise foi, ne s'étant proposés que parce qu'une partie de leur bétail était trop âgé ou taré et peut-être même malade, enfin vis-à-vis duquel ils avaient de justes craintes de perte, ne déclaraient jamais les appréhensions qui avaient motivé leur détermination ; alors l'agent, privé des connaissances spéciales et conséquemment dupe de supercherie honteuse sans doute, concluait l'assurance ; puis venaient les sinistres qui frappaient injustement l'assuré loyal, en exigeant, pour leur réparation, des appels de fonds supplémentaires autorisés par les statuts.

C. Les statuts de la caisse agricole conféraient au conseil d'administration des pouvoirs très-étendus pour résoudre toutes questions imprévues ; comme conséquence de cette administration, nous avons été témoin de la résiliation, signifiée sans motif, à un de ses assurés qui présentait le moins de risque. Il est un point essentiel, celui relatif aux soins à donner aux animaux malades et nécessairement au nombre des cas de déchéance, qui était soumis à l'incompréhensible juridiction arbitraire des administrateurs, parce qu'il n'était autrement abordé par les règlements qu'en contraignant l'assuré à déclarer, dans les vingt-quatre heures, les cas de maladie et les sinistres sur ses animaux en garantie, laissant d'ailleurs le propriétaire juge, à ses risques et périls de déchéance de droits à l'indemnité, du besoin plus ou moins immédiat des soins à donner et du choix entre le vétérinaire et l'empirique qui pouvaient en être chargés.

Cette lacune dans les lois de ladite société et la souveraineté arbitraire du conseil d'administration étaient deux vices formidables qui plaçaient l'assuré dans la singulière et difficile alternative suivante : un sujet en garantie contracte une maladie qui menace sa vie en très-peu de temps (c'est le cas de la météorisation sur les espèces bovine et ovine) ; son propriétaire éloigné du vétérinaire doit-il faire quérir de suite ce dernier, même pour un mouton, sachant qu'à son arrivée le malade sera mort ou guéri ? S'il ne l'a pas fait, sa responsabilité se trouvera engagée en cas de perte de sa bête ; s'il l'a fait, il se sera imposé un sacrifice inutile au fond puisque le remède ne pouvait arriver qu'après la mort ou la guérison. Devait-il le faire et sacrifier sept ou huit francs pour un mouton d'une valeur de quinze francs ? Ne le faisant pas, qui ou quoi lui garantissait que le jugement du conseil d'administration ne lui serait pas défavorable et que, pour faire valoir ses droits, un procès ne serait pas inévitable ? Ces perspectives étaient de pures prohibitions.

Le numéro du 5 juillet dernier du *Journal d'agriculture* contient une note de M. Romieu qui signale le fonctionnement, en Italie, d'associations contre la mortalité des bestiaux ; mais elle ne donne aucun détail sur leur façon de procéder.

Il existe en Suisse des systèmes particuliers d'assurance mutuelle en cas d'épizootie. L'un, décrit dans le *Journal d'agri-*

culture en 1867, consiste à prélever annuellement vingt centimes par tête de bétail pour pourvoir la caisse de secours contre ces fâcheuses éventualités. Dans une brochure publiée en 1865, M. Zundel, vétérinaire à Mulhouse, dit que dans le canton de Zurich le prélèvement de vingt centimes ne s'opère que sur chaque animal vendu, et que de ces vingt centimes dix sont acquis au préposé à la constatation officielle qu'aucune maladie épizootique ou contagieuse n'existe dans la localité. La première mesure atteint la propriété et la seconde ne s'adresse qu'aux transactions commerciales.

Si nous avons bien compris leurs narrateurs, les assurances helvétiennes seraient édictées par des règlements administratifs qui obligent les propriétaires dans un cas et le commerce dans l'autre ; mesures dont nous ne discutons pas la valeur comme institutions à formuler sur de bonnes bases, mais qui, en France, ne jouiraient peut-être pas d'un grand crédit parce qu'elles seraient inévitablement considérées comme un nouvel impôt sur l'agriculture.

Plus spécialement destinés à mettre un frein à l'action des germes épizootiques et contagieux, les systèmes en vigueur chez nos voisins remplissent plutôt un besoin de la police sanitaire qu'ils ne sont un moyen d'assurance. Considéré sous ce dernier point de vue, l'édifice mutuel est incomplet ; il ne constitue qu'un fonds de réserve, laissant à la charge des associés les pertes résultant des affections sporadiques et des accidents chirurgicaux, qui, dans une période de vingt années, sont de beaucoup supérieures à celles que font subir les épizooties.

Puis, si petit que soit l'intérêt, la cotisation est fixée d'une façon fort injuste dans les deux variétés mutuelles signalées ci-dessus : ainsi le propriétaire ou le vendeur (suivant le cas) d'un animal d'une valeur de 100 francs apporte au fonds commun la même contribution que le possesseur ou vendeur d'un sujet de 800 francs. La disproportion est bien pire si, ce que nous ne savons pas, toutes les espèces domestiques agricoles sont comprises solidairement et qu'en conséquence le porc, mais surtout le mouton, soient soumis à la même cotisation de vingt centimes par tête, parce qu'en raison de leur mince valeur, ces animaux seraient imposés relativement, le premier au moins trois fois et le second au moins dix fois plus que le bœuf. Il y a donc là un vice radical, regrettable dans une question de principe aussi précieuse que l'équité en association.

Le système appliqué dans le canton de Zurich frappe-t-il le commerçant qui achète et vend tous les jours, ou bien n'atteint-il que le propriétaire, éleveur ou non , lorsqu'il fait un acte de commerce de bétail? La vente d'animaux destinés au clos d'équarrissage est-elle soumise à la loi de la mesure d'assurance? Dans les deux articles cités nous n'avons rien vu de relatif à ces questions.

Nous n'avons pas à nous occuper ici de ce que ce système aurait d'inconsidéré, chez nous, en atteignant le commerçant , ni des objurgations qui jailliraient de toutes parts si des propriétaires étaient obligés de payer un impôt pour des animaux qu'ils perdent en les livrant à l'équarrisseur ; quant à la vente opérée par le producteur dans les conditions commerciales ordinaires, la mesure suisse serait déloyale en France si elle était générale et qu'elle solidarisât toutes les contrées, parce que celles qui élèvent et exportent beaucoup payeraient pour celles où le commerce de bétail est presque nul.

Ainsi donc , quels que soient les bienfaits dont ces règlements aient donné des preuves, l'organisation suisse est encore loin d'être à l'abri de toute critique ; elle est cependant une démonstration palpable des immenses services que peuvent rendre les sociétés mutuelles contre la mortalité du bétail, assises sur de bons et complets règlements.

Depuis quelques années, de petites sociétés locales ont été constituées en France ; mais leurs résultats, qui sont encore leur secret, ne reposent pas sur une assez longue expérience pour être bien significatifs. Nous négligerons donc ici ceux du seul exercice expiré de l'association que nous dirigeons ; nous devons cependant en signaler un fait digne d'attention , qui manifeste les tendances d'accueil aux associations locales , et qui consiste dans l'accroissement, cette année, sur la première, d'un tiers en nombre d'associés, et d'un sixième en valeur en garantie.

Des journaux d'agriculture et de médecine vétérinaire ont déjà publié quelques articles au sujet des sociétés d'assurances contre la mortalité du bétail. Sur la fin de 1865, dans une polémique amicale , M. le rédacteur de la *Clinique vétérinaire* est convenu avec nous qu'une union plus intime entre l'agriculture et la médecine vétérinaire rurale serait un grand progrès à réaliser, et la solution d'un problème d'économie agricole d'une haute portée dans la solidarité des intérêts des deux professions si souvent en contact, solidarité qui peut facilement être obtenue par la fondation de sociétés mutuelles contre les pertes d'animaux.

En avril 1866, nous avons relaté dans le *Journal d'agriculture pratique* les bases sur lesquelles repose la société que nous gérons. Enfin, M. Deljol, vétérinaire à Mirande, en janvier 1867, a exposé, dans la *Clinique vétérinaire*, des données statistiques d'une grande valeur pour fixer les primes à demander aux propriétaires de sa localité réunis en société ; puis il a fait ressortir l'importance qu'auraient les sociétés à s'attacher les vétérinaires, importance qui résulterait des conseils et prescriptions hygiéniques qu'ils formuleraient pour prévenir de nombreuses maladies, ce qui est déjà souvent arrivé dans l'association dont M. Deljol est le vétérinaire.

En janvier dernier, des sommités scientifiques, dont la position officielle de quelques-unes est significative, dévouées aux intérêts agricoles, pénétrées de l'importance de la question des assurances pour cette industrie multiple, en ont traité dans de remarquables discours prononcés devant les convives de deux grands dîners d'agriculture à Paris, où elles ont établi :

1° L'utilité des assurances agricoles comprenant celles contre la mortalité du bétail ;

2° Que leur création et la direction à leur imprimer doivent être confiées à l'initiative individuelle, sans que l'État puisse prendre une part active à leurs chances ;

3° Que de grandes difficultés entourent leur naissance et leur fonctionnement ;

4° Que la condition essentielle de leur succès, c'est de rendre en indemnités la plus forte somme possible des cotisations demandées ; en conséquence, que le système mutuel est préférable à celui des primes fixes ;

5° Enfin, elles déploraient que nos lois actuelles soient un écueil inévitable contre lequel viennent fatalement se briser les forces vives des mutuelles ; mais leur espoir de voir reviser cette partie de nos codes étant un fait accompli aujourd'hui, à nous d'attendre les effets de la nouvelle législation que le temps, cet inexorable juge, prendra soin de nous faire apprécier.

II.

Importance des assurances contre la mortalité du bétail.

Les justes inquiétudes, l'effroi même, qu'éveille encore en ce moment le typhus chez des peuples voisins, font des assurances bétail une question d'actualité. L'intensité qu'a acquise ce fléau si fécond en désastres, sa persistance opiniâtre dans les lieux où il s'est fixé, la subtilité de son principe contagieux et la rapidité de sa propagation, démontrent trop combien est exposée la fortune du propriétaire d'animaux.

Si la France agricole a été, dans les derniers moments de péril, assez heureuse pour ne connaître la peste bovine que par les navrants témoignages venus des localités qui la subissent, que les quelques faits rares qu'elle a éprouvés s'ajoutent au souvenir encore récent de 1814, qu'ils lui suggèrent l'idée de profiter d'affligeantes leçons en recherchant les moyens de se prémunir contre le choc de si terribles calamités.

A côté du typhus viennent se grouper la péripneumonie contagieuse et les diverses formes d'affections charbonneuses qui, chaque année, font des vides dans les rangs de l'espèce bovine. Sur le cheval et le mulet, la morve, le farcin, la gastro-entérite et le vertige épizootiques règnent fréquemment. La pourriture, la clavelée et le sang de rate détruisent annuellement un grand nombre de moutons. Enfin, dans le cours de chaque été, l'angine et l'entérite carbonculaires déciment pour ainsi dire l'espèce porcine.

Ajoutons à ce tableau, déjà effrayant, les nombreuses maladies sporadiques et les accidents chirurgicaux et de parturition, qui font beaucoup plus de victimes en moyenne que les épizooties, pour nous convaincre que la mortalité cause à l'agriculture un préjudice considérable. Que de cultivateurs voient, avec les pertes de bétail qu'ils subissent, disparaître leurs garanties d'avenir, résultant souvent d'une vie pénible et laborieuse de plusieurs générations !

Constamment exposée à de si nombreuses causes de gêne et même de ruine, l'agriculture est très-intéressée à rechercher de bons moyens de garantie ; c'est naturellement dans le domaine des assurances qu'elle doit porter ses investigations.

— 14 —

Le peu de sympathie que la généralité des propriétaires accordent à ce genre d'assurances semble en atténuer l'importance ; mais si on réfléchit à la cause essentielle de leur éloignement, qui est le prix élevé des cotisations en raison de la gravité des risques, on demeure convaincu que cette atténuation n'est qu'apparente, parce que, assurance ou non, l'agriculture subit quand même la perte.

Les primes ne sont élevées que parce que les pertes ordinaires sont grandes chaque année.

D'après ce qu'il est rationnellement permis de déduire des modifications apportées dans les tarifs de la Caisse agricole et des appels de fonds qu'elle a faits dans ses sept années d'exercice de la branche bétail, soustraction faite des divers frais, la mortalité moyenne qu'elle a éprouvée serait, pour % d'estimation, de (1) :

Espèce bovine.	1.35	en l'absence du typhus.
— chevaline.	1.85	—
porcine.	5.50	—
— ovine.	5.90	—

Les données statistiques que nous avons recueillies dans douze années d'exercice vétérinaire portent dans notre pays la mortalité moyenne annuelle, pour %, à :

Espèce bovine. . . . . 1.10.
— chevaline . . . . 1.50.
— ovine . . . . } 6.
— porcine . . . . }

Le chiffre proportionnel exposé pour les deux dernières espèces est le résultat de renseignements qui nous paraissent dignes de foi, et qui accusent des risques sensiblement égaux pour chacune de ces espèces.

(1) L'année 1864 a été désastreuse pour la branche bétail ; elle a été l'objet d'un appel supplémentaire de fonds se montant à 45 p. 0/0 de la cotisation, indépendamment des frais de recouvrement ; elle a probablement motivé la liquidation de cette branche qui a été prononcée en 1865.

La statistique officielle de 1859 porte la valeur annuelle des pertes de bétail en France, dans les dix années précédentes, à une somme de 40 millions; suivant les susdites proportions de la Caisse agricole, elle serait d'environ 81.500.000 fr., répartis comme il suit :

Espèce bovine, valeur en France : 1.500.000.000ᶠ à 1,35 p. % de perte 20.250.000ᶠ
—   chevaline,   —   1.000.000.000 à 1,85 p. %   —   18.500.000 } 81.500.000ᶠ
—   ovine et porcine, —   750.000.000 à 5,70 p. %   —   42.750.000

Après quatre années de fonctionnement, la Caisse agricole a été cédée, en 1862, à la *Caisse des familles*, pour des raisons et à des conditions consignées par M. PERRON, qui avait dirigé la première depuis sa fondation, dans une brochure intitulée : *Le passé et l'avenir de la Caisse générale des assurances agricoles*.

Le § 4 de ce travail nous fournit les précieux documents qui suivent. Comme résultat de ses recherches statistiques, sur les trente années qui ont précédé la création de la société, et de l'expérience acquise pendant la durée de sa gestion, l'auteur se croit autorisé à estimer à 60 millions de francs, en chiffres ronds, la moyenne annuelle des sinistres de bétail, en France, dans les espèces ci-dessus dont il porte la valeur à 3 milliards.

En proportionnant ces 60 millions au taux p. % de perte résultant des données qui précèdent, les sinistres seraient de :

Espèce bovine,   valeur : 1.500.000.000ᶠ perte : 1,07 p. %   16.050.000ᶠ
—   chevaline,   —   1.000.000.000   —   1,48 p. %   = 14.800.000 } 64.825.000ᶠ
—   ovine et porcine, —   750.000.000   —   4,53 p. %   33.975.000

Les 4.825.000 fr. que nous trouvons de plus que M. Perron résultent de ce que nous estimons le bétail à 250 millions de plus que cet auteur.

D'après nos observations, la perte atteindrait le chiffre de 76.500.000 fr. ainsi divisés :

Espèce bovine, valeur en France : 1.500.000.000ᶠ à 1,10 p. % de perte 16.500.000ᶠ
—   chevaline,   —   1.000.000.000 à 1,50 p. %   —   15.000.000 } 76.500.000ᶠ
—   ovine et porcine, —   750.000.000 à 6, » p. %   —   45.000.000

Pourquoi des résultats si différents entre la statistique officielle et les moyens d'évaluation que nous avons cités ? Le peu de soins mis à la confection des statistiques, par les commissions communales qui en sont chargées, donne raison de l'excès de modicité des pertes qu'elles expriment. Ce peu de soins résulte de ce que le temps manque souvent aux membres des commissions rurales pour procéder avec toute la minutie exigible à l'enquête qui leur est confiée. Ajoutons à cela l'inexactitude des renseignements fournis ; il est de toute évidence que cette inexactitude atténue plutôt qu'elle n'augmente le chiffre des pertes, parce que le fermier pris à l'improviste, loin d'accuser faussement des cas de mortalité, oublie le plus souvent de signaler des sinistres dont il a été peu frappé, soit à cause des mauvaises qualités ouvrières, soit en raison de la moindre valeur des animaux morts qui en sont l'objet. On explique facilement les chiffres excessifs puisés dans les documents de la Caisse agricole par les mauvais risques que lui procuraient inévitablement ses moyens de procéder. Quant aux quantités exprimées par nos propres observations, si elles sont vraies pour notre localité, elles ne le sont évidemment pas pour d'autres, et nous comprenons que, pour être prises au titre de moyennes, elles ont besoin d'être corroborées par d'autres analogues ; cependant la position qu'elles occupent vis-à-vis de celles dont il vient d'être parlé, et leur proximité de l'appréciation de M. Perron, sauf en ce qui concerne le porc et le mouton, semblent les rapprocher davantage de l'exactitude. De tout quoi il résulte que les statistiques, approximativement vraies, sont encore à créer dans chaque circonscription qui voudrait s'associer, malgré l'importance des données générales qui précèdent.

De ce que la valeur du bétail agricole ne représente environ que la trentième partie de celle des choses que le feu peut atteindre, on ne doit pas inférer que l'assurance est moins utile pour le premier cas que pour le second. L'utilité d'institutions quelconques étant nécessairement en raison directe des services qu'elles sont susceptibles de rendre, de précieux titres appellent celles contre la mortalité des animaux à occuper un rang très-élevé dans l'échelle des assurances.

A. Supposant toutes valeurs assurées, cette branche réparerait en France pour près de 75 millions de sinistres annuels, tandis que la grêle n'en détermine que pour 40 millions, et l'incendie pour 22 millions seulement.

B. En égard à l'aisance des classes qui supportent les pertes, 730 millions de valeur *porc* et *mouton*, seuls animaux que possède le pauvre, donnent lieu à au moins 40 millions de sinistres annuels.

C. Les assurances grêle et incendie ne garantissent que des *valeurs* de produits ; celles bétail offriraient d'abord les mêmes avantages pécuniaires, puis, ce qui témoigne de leur bien plus grande importance, seraient capables, en temps épizootique, de conserver à la fortune publique et à l'intérêt particulier la possession du bétail, cet avoir considérable pour la société, à l'existence duquel chaque profession, chaque individu trouve sa part incontestable d'utilité.

Vienne la grêle, il faut en subir les effets désastreux dans toute l'étendue de terrain que parcourt capricieusement l'orage qui la répand. Que sur un point apparaisse une épizootie menaçante, l'assurance qui paye fera que tous les propriétaires engagés protégeront l'exécution des plus sévères mesures à appliquer pour éteindre l'action du virus. Combien d'animaux seront conservés par ces moyens? Ne seraient-ils pas victimes du fléau au détriment individuel et général, si les propriétaires des premiers atteints, incertains du désintéressement de leur perte, cherchaient dans leur intérêt particulier à soustraire leur bétail à un sacrifice judicieux? Du reste, quel moyen autre que la satisfaction des intérêts particuliers peut atteindre le même résultat?

L'exemple fourni par la Suisse est une preuve vivante et irrécusable de la vérité que nous avançons. Lorsqu'une épizootie éclate dans ce pays et que pour l'étouffer l'abattage est indispensable, on y procède sans délai ; leurs pertes devant être sûrement réparées, les propriétaires d'animaux à sacrifier ne font pas la moindre opposition, ils se laissent exproprier complaisamment. Au moyen de leur système mutuel, nos voisins ont, dans les derniers temps dangereux, frappé d'impuissance plusieurs irruptions du typhus chevalin et sans le secours de l'État.

Qu'on compare ces résultats à ce qui s'est passé en Angleterre et en Hollande, et la différence sera assez éloquente pour donner la certitude que les assurances bétail garantiraient, non-seulement

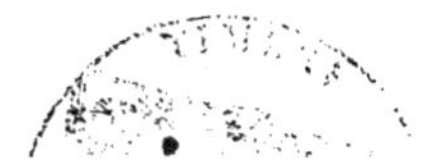

des valeurs privées représentées par des animaux, mais encore, en préservant ceux-ci de la maladie, en conserveraient intacte l'essence vitale aux besoins généraux et à l'intérêt particulier.

Il est vrai que, pour atteindre ce résultat, les sociétés de garantie subissent le besoin impérieux de tous autres procédés qui y visent; c'est l'auxiliaire de la médecine vétérinaire qui, comme nous le verrons plus loin, est une abondante et indispensable source de sécurité pour l'assureur.

L'action combinée de ces deux moyens (assurance et médecine vétérinaire), comme cela se pratique sous la forme mutuelle en Suisse, est seule susceptible de se passer du concours des administrations pour limiter une épizootie. A ce titre elle est exigible pour la conservation du bétail, et conséquemment de sa valeur; subsidiairement pour l'amélioration de races en raison d'une hygiène plus intelligente préconisée par les instructions du vétérinaire, amélioration dont les fortunes publique et privée feraient conjointement profit; en troisième lieu, pour satisfaire une juste exigence du droit commun signalée par M. Zundel, dans sa brochure déjà citée, des motifs de laquelle on peut judicieusement induire que l'abattage, ou seulement l'interdiction, d'animaux atteints ou suspects de maladie contagieuse, constitue une expropriation pour cause d'utilité publique, dont le désintéressement doit incomber à la charge de ceux au profit de qui elle a eu lieu.

Développons quelques considérations relatives à chacun des trois cas.

1° Il serait superflu d'entrer dans de longues explications pour démontrer toute l'importance qui se rattache à la conservation du bétail et l'immense et funeste portée d'une épizootie meurtrière; l'arsenal formidable de lois et règlements sanitaires édictés, depuis un siècle, par les divers gouvernements français, en est une preuve remarquable.

Comme alimentation publique, le bétail est de première nécessité; il constitue une ressource substantielle intimement liée à l'existence actuelle de l'homme.

L'agriculture ressentirait les premières et plus rudes atteintes d'une grande mortalité, parce qu'à part sa valeur intrinsèque, le bétail est pour elle un moteur, un facteur d'engrais, de viande et de matières industrielles, sur les bénéfices desquels elle a des

droits légitimes et souvent un besoin plus ou moins immédiat.
Pour elle, les fâcheux effets d'une épizootie meurtrière résulte-
raient de la difficulté apportée dans l'exécution des travaux
agricoles ; de l'usure prématurée d'animaux de travail ; de la
dégradation des races qui coûtent si cher à améliorer ; de la
diminution des engrais, ces principes de produits du sol, sans
lesquels le travail et l'intelligence du cultivateur restent le plus
souvent stériles ; enfin, des conséquences incalculables de ces
divers chefs.

Quant à l'influence sur l'alimentation, bien que le pain occupe
le premier rang, il n'est pas de comparaison possible entre
une récolte de grain grêlée ou manquée et une épizootie désastreuse. Dans le premier cas, en attendant la moisson prochaine,
qui pourra être copieuse, des arrivages étrangers pourront suf-
fire aux besoins locaux, avec une augmentation de prix qui, en
raison des moyens de transport dont on dispose, laissera le pain
dans des limites accessibles à tous.

Dans la seconde hypothèse, l'importation d'animaux d'entretien serait une imprudence que l'intérêt particulier n'affrontera
pas, parce que personne ne s'exposerait à faire emplette de bétail
qui pourrait servir à alimenter le mal et à en prolonger la durée ;
les bêtes de boucherie seules pourraient être introduites, mais
seulement au fur et à mesure des besoins du débit, dans la crainte
de les laisser exposées à la contagion ; reste l'importation de la
chair, avec les difficultés de sa conservation et, au cas particulier,
le peu de garantie de ses qualités.

Il suit de là que la fourniture de viande rencontrerait des
difficultés incomparablement plus grandes que celle de grains,
et que le prix de la première, nécessairement en raison directe
de ces difficultés et des risques courus, la rendrait inaccessible,
même aux classes ordinaires. Combien de temps durerait cet
état pénible ? Question dont la solution est subordonnée à la
durée du mal et au nombre de ses victimes. L'extinction de
l'épizootie n'amènerait pas d'emblée la réduction du prix de
l'aliment carné à un taux normal. Cela n'arriverait qu'insensi-
blement, et, pendant longtemps encore, la bourse du riche serait
plutôt soulagée que le pauvre ne pourrait acheter ; c'est cependant bien ce dernier, préposé aux pénibles travaux, qui éprouve
le plus impérieux besoin de l'aliment par excellence.

La maladie disparue ne ferait qu'autoriser le sérieux produc-

teur de chair à exercer son industrie d'une manière positivement
lucrative ; mais la récolte dans les conditions normales ne pourrait avoir lieu qu'après plusieurs années , chose bien saisissable
ensuite du dépeuplement de bétail résultant de la mortalité et
de la vente par crainte de perte. L'Angleterre ne pourrait-elle
témoigner de ces faits ?

La rareté des produits en augmentant toujours le prix, et ceux
de l'agriculture étant de première nécessité pour tous , chacun,
en définitive, ressentirait, pendant un temps indéterminé,
directement ou par contre-coup, la déplorable influence d'une
grande perte de bétail ; le rentier et l'employé en dépensant
plus, l'industriel et le commerçant en vendant moins : personne
n'ignore que quand le soldat du travail souffre, il sait, avec rési-
gnation, se priver de tous produits manufacturiers et commerciaux qui ne lui sont pas immédiatement indispensables.

2° Nous avons dit que l'amélioration des races serait favorisée.

En effet, indépendamment des soins hygiéniques qui y pren-
draient une large part, les garanties offertes à l'agriculture lui
permettraient de marcher de pied ferme dans cette voie.

Qu'est-ce qui retient aujourd'hui le plus grand nombre des
éleveurs dans le choix de races renommées par leurs qualités
et leur distinction, si ce n'est la crainte de perdre des reproducteurs acquis à des prix élevés ? A quelle cause doit-on attribuer la négligence pour des rejetons d'avenir qui deviennent
mauvais pour cette raison, si ce n'est à l'appréhension de la
perte de nourriture et de soins en cas de mortalité ? Qu'est-ce
qui, le plus souvent, fait que le cultivateur qui achète des
animaux de travail porte son choix sur les plus mauvais, si
ce n'est que leur vil prix le rassure en cas d'accident ? Ne
voit-on pas, dans cette dernière spéculation, une puissante
cause d'entretien de la fluxion périodique des yeux chez le
cheval, cause qui tient à l'emploi de borgnes et aveugles pour
la reproduction, soit qu'ils aient été achetés, soit qu'ils aient été
conservés préférablement à d'autres de plus grande valeur ? Quoi
qu'il en soit, cette ophthalmie spécifique occasionne un énorme
déficit, puisqu'on estime que les dépréciations qui en résultent
représentent une valeur supérieure à celle des pertes occasionnées
par la mortalité qui frappe l'espèce équine.

3° En ce qui concerne le point relatif au droit commun, nous
ne pouvons mieux faire que de copier M. Zundel.

Il dit : « Quand une épizootie frappe le bétail d'un cultivateur,
« il n'est pas le seul touché : la maladie, étant habituellement
« contagieuse, menace les voisins quelquefois à d'assez grandes
« distances. Des lois dictées par une juste mutualité de devoirs
« et d'intérêts obligent le propriétaire des malades à se soumettre
« à des mesures de police sanitaire qui le gênent considérable-
« ment dans son économie ; souvent, pour étouffer la maladie à
« son foyer, il est obligé de faire le sacrifice, non-seulement
« des malades, mais même des bêtes saines qui, par la cohabi-
« tation, sont devenues suspectes. Pour qui a-t-il fait ce sacrifice
« forcé ? Ce n'est certainement pas pour lui qui, une fois frappé,
« préférerait risquer les suites du mal, et, comme l'oriental,
« se soumettrait au sort qui lui incombe. Non, il a sacrifié pour
« empêcher le fléau d'atteindre son voisin, il s'est laissé mettre
« l'étable en interdit, s'est soumis à l'inspection périodique
« d'un vétérinaire, a, en un mot, assuré tout le mal sur son
« bétail, en dépit de ses propres intérêts, pour garder ceux des
« propriétaires qui l'entourent.

« La perte est, dans tous les cas, forte : en pouvant même
« vendre à la boucherie ; heureux s'il trouve les deux tiers de la
« valeur de ses animaux, sans tenir compte de ceux tués par la
« maladie, ni du fumier qui manquera pour les champs !

« Ne résulte-t-il pas clairement de ce qui précède qu'il est
« dû une indemnité à ce cultivateur ? J'admets qu'il ne lui est
« rien dû pour ce qui a été atteint par la maladie, et que
« c'est un secours qu'on lui porte, une charité qu'on lui fait,
« quand on indemnise en partie cette perte ; mais quand il
« sacrifie dans l'intérêt de tous ses voisins, de tout un arron-
« dissement un département peut-être : qui sait où doit s'arrêter
« une maladie contagieuse ?, ceux-ci sont des ... débiteurs,
« et ce n'est plus un secours qu'ils doivent accorder, c'est une
« dette qu'ils doivent payer.

« Pour solder ces indemnités, on a parlé d'assurances mu-
« tuelles ; il est même des localités où l'on a réussi avec ce
« système qui est excellent et que je considère comme le moyen
« de l'avenir. »

Conclusion. « Les faits viennent à l'appui de l'opinion mo-
« derne ; ils disent que ce n'est pas de l'État qu'il faut attendre
« les indemnités ; ils expriment le besoin de rechercher un sys-

« tème qui fasse que ces indemnités soient payées directement
« par les intéressés sous le contrôle de l'État. »

En formulant ce principe équitable qu'il n'y a pas secours à
porter, pas commisération à avoir pour le propriétaire d'une
étable atteinte qui sacrifie, dans l'intérêt général, toute la partie
de son bétail encore saine et seulement sous le poids d'une juste
suspicion, l'esprit de la note de notre confrère démontre nette-
ment qu'il y a dette loyale et justifiée à acquitter. En effet, en
privant un propriétaire de ses possessions ou de leur usage,
l'arrêté administratif qui enjoint l'abattage de bétail, ou seulement la séquestration, est moralement identique au jugement
qui prononce une expropriation pour cause d'utilité publique ;
or, cette expropriation étant une contrainte à la cession d'une
propriété estimée et payée à la valeur réelle qu'elle avait avant
le jugement, il doit nécessairement en être de même du bétail
détruit par ordre supérieur, parce que ce bétail est une propriété
aussi légalement acquise que toute autre ; il doit aussi en être
de même de la séquestration ordonnée qui prive le propriétaire
de son droit d'aménagement de ses fourrages pàture.

D. L'action de l'assurance qui s'attacherait les vétérinaires
économiserait aux caisses départementales tous les fonds affectés
à l'étude et aux soins qu'exigent les épizooties qui se manifestent
chaque année ; elle serait pour les administrations un sûr garant
de l'étude de tous les cas qui se présenteraient, en leur
épargnant d'avoir à compter avec l'apathie d'un grand nombre
d'autorités locales et la négligence calculée des propriétaires,
circonstances fréquentes et malheureuses en cas de péripneumonie
épizootique, qui permettent à son élément de transmission de
porter, souvent bien loin, ses sinistres effets chez des cultivateurs
qui deviennent dupes de l'infraction à des lois consacrées par la
morale. Que d'animaux seraient encore conservés dans ces cas !

Une autre considération, dont l'énorme portée n'échappera à
personne, c'est la *moralisation* qui serait la conséquence
d'institutions ainsi organisées. L'agriculture, acquérant la
sécurité matérielle, ouvrirait nécessairement ses sens aux raisonnements plausibles ; elle reléguerait bientôt sous l'ombre de
siècles ténébreux le sortilége et le maléfice, ces funestes attributs
de l'instrument de dol autorisé qu'on appelle l'empirisme. La
médecine en général se trouverait donc affranchie d'une entrave

qui n'a plus sa raison d'être avec l'organisation des écoles et les sacrifices que s'impose le trésor pour leur entretien.

Enfin, si rare que soit la transmission à l'homme de certaines maladies virulentes ne naissant spontanément que chez les animaux, on voit cependant chaque année quelques victimes humaines payer leur tribut à la contagion. Si, comme nous l'avons exposé, il est permis de croire que l'assurance, aidée de la vétérinaire, est un puissant moyen de s'opposer à l'extension des affections contagieuses, en diminuant nécessairement les chances de contamination, elle constituerait une précieuse raison d'immunité.

E. Des combinaisons économiques permettraient aux assurances bétail de réaliser sur l'état actuel des choses de beaux bénéfices, que les mutuelles mettraient au profit de leurs adhérents.

En premier lieu se placerait la fondation de clos d'équarrissage ; viendrait ensuite l'institution de pharmacies sociales ; puis enfin des boucheries seraient destinées à vendre la chair, propre à la consommation, d'animaux qu'il serait onéreux de traiter.

Les clos d'équarrissage rendraient à la société, et par conséquent à l'associé en mutualité, la valeur réelle des produits cadavériques qui, au lieu d'être enfouis en pure perte et d'exhaler des émanations infectes, pourraient recevoir comme engrais une destination utile à l'agriculture. Cet expédient donnerait satisfaction à une légitime exigence de l'hygiène publique, en même temps qu'il concourrait à accroître la fertilité du sol au profit du cultivateur qui se procurerait, à prix réduit, des matières fertilisantes des qualités desquelles il serait sûr.

Qu'une société soit l'intermédiaire gratuit entre le droguiste et le propriétaire pour la fourniture de médicaments, ou que, prenant ces derniers à sa charge, elle augmente un peu la cotisation ; si, comme nous le proposons, les primes ne sont recouvrables que relativement aux besoins, le propriétaire bénéficiera, dans tous les cas, de la différence du prix d'achat en gros avec celui de ces substances médicinales demandées par doses thérapeutiques au pharmacien ; nous ne nous éloignerons guère de la réalité en estimant cette différence à 100 p. 0/0.

Exprimons en chiffres l'économie que trouverait l'agriculture dans ces moyens.

Les quatre départements qui constituent la Lorraine possèdent du bétail agricole dans les proportions approximatives suivantes :

Espèce bovine,   valeur : 45 millions.   )   Ensemble
— chevaline,   —   30   —   (100 millions
Espèces ovine et porcine,   —   25   —   )   de francs.

1,10 p. 0/0 de perte annuelle sur l'espèce bovine font 495,000 francs dont les propriétaires ne retirent que 4 p. 0/0 au lieu de 8 p. 0/0, tous frais payés, que rendrait un clos ; différence en bénéfice 4 p. 0/0, soit.   19,890^f »^{c}

1,50 p. 0/0 de perte annuelle sur l'espèce chevaline font 450,000 fr. dont le propriétaire ne récupère que 2,50 p. 0/0 au lieu de 8 p. 0/0, produit du clos ; différence en bénéfice 5,50 p. 0/0, soit...   24,750 »

La perte de 6 p. 0/0 sur le porc et le mouton se monte chaque année à 1,500,000 fr. dont en général les possesseurs ne retirent rien ; les 8 p. 0/0 produits par le clos étant nets donnent un bénéfice de....... 120,000 »

Chaque valeur de 100 fr. des espèces bovine et chevaline use en moyenne pour 0 fr. 30 c. de médicaments par année ; ce qui, frappant sur 75 millions dans la province, occasionne une dépense de 225,000 fr. ; nous avons estimé à 100 p. 0/0 la réduction de prix obtenue par le moyen de la pharmacie sociale ; le bénéfice qu'elle procurerait serait donc de............. 142,500 »

               } 277,050^f »^{c}

De ces bénéfices déduisons les frais d'administration qu'exige une société ainsi organisée, et qui, portés à 0,25 p. 0/0 de valeur, somme suffisante, pour 100 millions seraient de....... 250,000 »

Différence à l'avantage de l'assurance........ 27,050 »

Ces données numériques, qui sont loin d'être exagérées et auxquelles il faudrait encore ajouter les produits de la boucherie, suffisent pour démontrer que, contre la mortalité, notre système peut rendre en indemnités la somme entière des cotisations, en combinant le fonctionnement des mesures économiques ci-dessus avec l'action de l'assurance, chose qui paraît aussi simple à saisir que facile à exécuter.

F. Il est posé en fait que le défaut de capitaux en agriculture est une cause efficiente de la lenteur de ses progrès, voire même de son malaise, et, pour cette raison, les questions de crédit agricole ont déjà fixé l'attention de bon nombre de financiers : elles comptent parmi celles qui, depuis plusieurs années, ont été les plus chaleureusement agitées et discutées dans la presse spéciale à cette industrie.

M. Victor Borie, dans son excellente brochure, *le Patrimoine universel*, estime que l'Angleterre doit une partie de sa puissance industrielle et commerciale à ses 4 milliards de capital-assurance sur la vie.

S'il en est ainsi chez nos voisins d'outre-Manche, est-il contestable que les assurances bétail, en agrégeant des capitaux purement agricoles, concourraient à doter cette profession d'un puissant moyen de prospérité ? Il y a plus : ne pourrait-on pas combiner une institution de crédit avec l'assurance de façon à ce qu'elles s'entr'aident ?

Comme on le voit, l'assurance qui nous occupe se distingue de toutes autres par des caractères spéciaux d'une grande valeur, titres précieux qui la recommandent à l'attention des organisateurs. Ainsi, redisons-le, car la vérité ne peut être trop répétée, comme est appelée à le faire celle contre la mortalité, aucune assurance ne peut, par des moyens aussi simples et pratiques, rendre en indemnités la somme entière des cotisations demandées ; surtout il n'en est pas qui, comme elle, soit capable de conserver des substances préalablement existantes aussi précieuses que les animaux qui fournissent la chair alimentaire. On peut donc espérer que l'immense intérêt qui se rattache à l'assurance bétail ne restera pas plus longtemps méconnu dans notre siècle où l'utilité d'autres branches, inférieures en services à rendre, est si justement accréditée.

III.

Choix du mode à adopter.

MUTUALITÉ AVEC CAPITAL SOCIAL. — SECOURS MUTUEL.

Deux systèmes généraux se disputent actuellement les garanties à offrir contre la grêle et l'incendie, ce sont : 1° la *Mutualité* ; 2° la *Prime fixe.*

Pour triompher de sa cause, chacun d'eux apporte dans la lutte des arguments qui sont au fond : pour le premier, l'économie offerte aux adhérents ; pour le second, un capital social exposé en garantie de payement aux sinistrés.

En prime fixe, le capitaliste est l'intermédiaire rétribué entre le risque et l'assuré ; en mutualité, l'économie résulte de la suppression de ce que cet intermédiaire a d'onéreux. Le capital social en prime fixe est moins une garantie pour les assurés qu'une certitude de bénéfice pour les actionnaires, parce que le taux de la prime demandée est toujours supérieur à la moyenne des risques ; il paraît donc plus spécialement destiné à solidariser les exercices dans une période quelconque, de telle sorte que, s'il peut être entamé dans une année, le fonctionnement de la machine, n'en étant pas interrompu, produira de quoi combler la brèche et donner des bénéfices ultérieurs. Plus le capital est grand, plus l'existence d'une société est assurée, en ce que les actionnaires sont mieux garantis de leurs avantages ; son importance ne crée que la sécurité de ses producteurs, parce qu'en agissant sur les masses de temps, des primes moyennes suffiront toujours aux sinistres, et que contre l'incendie nous voyons ces primes représenter au moins un tiers de plus que la moyenne des pertes.

Ainsi, l'assurance sans capital agit sur les masses de risques ; avec un capital elle agit en même temps sur les masses de temps, ce qui lui permet de rapprocher le plus possible le taux de la prime de la proportion moyenne des sinistres.

Le capital de garantie n'est pas un expédient exclusif aux primes fixes : les mutuelles peuvent aussi y avoir recours, soit d'emblée, en le constituant par emprunt divisé en actions, dont chacune serait remboursable au fur et à mesure que le permettrait l'encaisse d'un fonds de réserve à création forcée ; soit petit à petit, par la création dudit fonds, qui est l'expression, l'équi-

valent, d'un capital social exempt de charges. La première voie a
sur la seconde l'avantage incontestable de garantir, dans tous
exercices qu'elle solidarise, l'égalité dans la répartition proportionnelle aux sinistrés, égalité qui n'est que problématique par
le second procédé, jusqu'au moment où la réserve sera suffisamment importante, à moins de cotisations élevées ; elle satisferait
donc les justes exigences de ceux qui s'en imposeraient les charges.

Si le succès de bon nombre de mutuelles, heureuses dans
leurs premiers pas, ne justifie pas la nécessité d'un capital de
garantie, il n'en démontre pas l'inutilité ; les déceptions de
quelques autres le recommandent suffisamment. En se pénétrant
de la possibilité de désastres considérables dans un des premiers exercices d'une mutuelle, qui, à défaut de fonds de réserve,
ne lui permettent qu'une indemnisation 1/3 et même 1/2 moindre
que dans les autres, on craint, à juste titre, une iniquité frap-
pante qu'éviterait le capital, en permettant aux cotisations de
réparer à l'avenir le déficit de l'exercice calamiteux.

L'utilité du capital en mutualité est donc incontestable, mais
dans quelles proportions et à quelles conditions? Chaque prime
fixe qui fonctionne aujourd'hui a émis un capital invariable
qui rend arbitraire la garantie qu'elle offre aux assurés :
une compagnie qui se constitue avec un capital de deux millions
n'expose pas plus si son chiffre d'affaires arrive à deux milliards
que s'il est restreint à cent millions ; la disproportion est cependant grande, car l'hypothèque des assurés, de 2 p. 0/0 dans le
second cas, est réduite à 0.10 p. 0/0 dans le premier ; le taux
illusoire, on pourrait même dire ostentatoire, de cette garantie
est une preuve que le capital est plus particulièrement appelé
à assurer les intérêts de ses producteurs.

La garantie désirable est donc celle relative à une égale
indemnisation dans tous les exercices. Pour que le capital social
mérite la considération des assurés, il doit être porté à une
somme égale à la perte maximum qui, suivant les statistiques,
peut frapper la valeur assurée en une année : il doit en outre
croître en proportion de cette valeur. Il résulterait de là que,
contre la mortalité du bétail en Lorraine, la proportion de
ce capital devrait être de :

Pour l'espèce bovine. . . . . 3 p. % de valeur.
    —   chevaline. . . . . 4 p. %   —
    —   ovine et porcine. . . . . . 8 p. %   —

et que si tout le bétail de la province était assuré, sa somme devrait se monter à :

```
Espèce bovine......... valeur : 45.000.000ᶠ à 3 p. % = 1.350.000ᶠ
   —    chevaline......    —    30.000.000 à 4 p. % = 1 200.000
   —    ovine et porcine.  —    25.000.000 à 8 p. % = 2.000.000
                                                      ─────────
                                                      4.550.000
```

Les intérêts de ce capital, pris au taux légal des placements commerciaux, 6 p. %, se monteraient à une somme annuelle de 273,000 fr., répartis ainsi qu'il suit et produisant une augmentation de cotisation de :

```
Espèce bovine........ 1.350.000ᶠ, intérêts : 81.000ᶠ, soit 0,18 p. %
   —    chevaline...... 1.200.000     —       72.000    —  0,24 p. %
   —    ovine et porcine 2.000.000    —      120.000    —  0,44 p. %
```

Mais de cette augmentation il convient de déduire le produit du capital qui l'occasionne et qui, placé à 3 p. 0/0, la diminuerait de moitié, soit :

```
Pour l'espèce bovine.............. 0,09 p. %
   —        chevaline........ ... 0,12 p. %
   —        ovine et porcine.... 0,22 p. %
```

La garantie des fonds du capital, pour trouver des actionnaires, devrait consister : 1° en un fonds de réserve, de création obligatoire, à absorber avant de toucher au capital émis ; 2° dans l'affectation des réserves ultérieures à la réparation des brèches faites à ce capital ; 3° dans l'obligation imposée aux assurés de contribuer, chacun en proportion équitable, aux sommes nécessaires à rétablir ledit capital dans toute son intégrité à la fin d'une période déterminée, si les réserves n'y suffisent pas ; 4° dans l'hypothèque sur les établissements d'équarrissage que pourrait posséder la société et à la construction desquels elle s'obligerait envers les actionnaires.

Comparé aux primes fixes qui fonctionnent actuellement, ce précédent mode a sur elles l'avantage d'une économie incontestable pour l'assuré, tout en présentant autant de sécurité qu'elles pour ce dernier et le capitaliste. Le système que nous venons de formuler diffère essentiellement des compagnies à prime en ce qu'il constitue une société mutuelle administrée et dirigée par les assurés ou associés ; le but unique de ses aspirations, c'est l'assurance mutuelle dégagée de toute immixtion d'intérêts ou de spéculation. En prime fixe, l'assurance mutuelle est exploitée par des spéculateurs dont l'ambition ne peut être assouvie qu'aux dépens des sociétaires ; en d'autres termes, deux buts principaux sont poursuivis, l'assurance réelle et l'intérêt des capitalistes, ce dernier dominant l'autre dans l'administration.

Quels que soient le nombre, la forme et la nature des combinaisons auxquelles peut se prêter la mutualité, la garantie peut s'y présenter sous deux aspects généraux : le secours et l'assurance. Toute association sans capital ou fonds de réserve suffisant, à cotisation limitée même au taux de la proportion des plus grandes pertes connues à ce jour, ne mérite que le titre de secours, parce que rien ne prouve qu'en une année les sinistres ne dépasseront pas ces prévisions ; placée sur ce terrain d'incertitude, elle est dans l'impérieuse obligation de n'indemniser les sinistres qu'à l'expiration de chaque exercice. En principe, ce procédé et celui de la prime fixe manquent de sécurité absolue parce que des calamités imprévues peuvent absorber au delà de leurs ressources, et ils failliront à leurs engagements ; il n'existe entre eux qu'une différence de sécurité relative qui, comme nous l'avons vu, peut être fort mince. L'assurance ne mérite donc ce nom que si la cotisation est illimitée.

Une mutuelle à cotisation illimitée, sans capital ou fonds de réserve suffisant, est une assurance réelle ; mais elle est un audacieux pari de la part de l'adhérent qui ne contracte que pour un exercice. Si après une année désastreuse les assurés l'abandonnent, elle sera ensevelie dans le tombeau des institutions dangereuses ; son souvenir ne sera que le sujet de récriminations inconsidérées et injustes, parce que les faits qui lui seront reprochés sont la conséquence inévitable du retrait des adhérents qui en deviennent les vrais et volontaires auteurs. Au début, une mutuelle à cotisation illimitée, mais sans capital, ne pouvant avoir de fonds de réserve, est identique à celle qui précède et exposée aux mêmes revers. Il en est de même de celle qui fixe la cotisation à un taux excessif, suffisant aux exigences pratiques de sécurité, bien qu'elle diffère de celles-là par une limite assignée à la contribution des adhérents.

Si, étant indéterminée ou limitée à un taux dont l'assurance pratique doive se contenter, la cotisation, réductible à défaut de besoins, est fixée à un taux moyen annuel suffisant ne pouvant être dépassé dans chaque exercice, pour dix années consécutives, puis qu'un capital peu onéreux et garanti ultérieurement par les assurés soit mis au service des grandes pertes momentanées, les sinistrés auront toute la sécurité inhérente à la prime illimitée et les adhérents toute la certitude d'une cotisation modérée. Alors seulement, le contractant pour un ou deux ans accomplira le devoir de la prévoyance sans craindre de se jeter au hasard dans les bras d'une institution imprudente. Telles seraient les conséquences heureuses du capital qui, réunissant dix exercices consécutifs en un seul, diviserait entre ces dix les excès de pertes qui peuvent atteindre l'un d'eux, et par conséquent affirmerait une existence de dix ans à la société, sauf à recommencer.

En somme, que faut-il pour transformer le secours mutuel avec cotisation moyenne en assurance? l'emprunt d'un capital à des conditions raisonnables. Que faut-il faire pour transformer l'assurance à prime fixe en assurance mutuelle qui en égale au moins la valeur de sécurité? fixer la rémunération due aux capitalistes, réduire la prime au besoin en année heureuse, et confier l'administration aux associés.

Ce procédé aurait sur les autres l'immense avantage, non-seulement de garantir en tout temps une indemnisation égale, mais encore, en solidarisant une période de dix exercices, de ne recourir qu'au taux cotisatif représentant le plus exactement possible la moyenne des pertes, condition extrêmement favorable aux adhésions ; puis d'assurer l'existence d'une société en lui procurant dès son début tous les moyens possibles de sécurité.

En conséquence, garantie certaine pour le capitaliste ; garantie absolue pour les sinistrés ; certitude d'équité dans une égale indemnisation pour tous exercices ; réduction de la cotisation aux dernières limites du possible ; payement immédiat des sinistres ; existence assurée des sociétés : tels sont les heureux résultats d'un capital peu onéreux.

Mais un capital pourra-t-il être réuni? En cas de négative, l'association de secours mutuel à cotisation limitée à un taux peu supérieur à la proportion moyenne des sinistres et à fonds de réserve de création forcée, nous semble le meilleur procédé.

Condamnant toute spéculation mercantile, le système mutuel acquiert d'autant plus de développement qu'il est appliqué chez des peuples plus progressifs ; il est pour ainsi dire, une mesure de la civilisation en raison du but essentiellement moral qu'il poursuit, et dans lequel il trouve sa garantie d'avenir ; nous voulons parler du secours mutuel, cet accomplissement du sublime précepte évangélique : *Fais pour autrui ce que tu voudrais qu'il fût fait pour toi.*

Grâce aux travaux d'infatigables économistes qui ont jeté les bases d'une ère nouvelle mieux appropriée au bien-être des peuples, chaque jour voit s'élargir la place qu'occupe le principe d'association dans le domaine des opinions ; c'est qu'il constitue le moyen le plus fécond pour produire, perfectionner et conserver avec économie.

Production, perfection, conservation, qualités inhérentes au mutualisme dont la vie, jusqu'ici à peu près latente, se réveille victorieuse et splendide comme pour témoigner de sa puissance : telles sont les tendances progressives de l'homme et les devoirs que lui impose sa raison. Nous devons créer, si nous le pouvons, parce que nous devons obéir à la loi immuable du travail producteur. Nous ne pouvons conserver que ce qui est, mais nous le devons pour mettre à couvert la responsabilité de notre époque.

Comme on le dit pour le vide, la nature semble avoir horreur de l'isolement, parce que l'isolement tend au vide, il en est le plus proche voisin. Pour peu qu'on réfléchisse à l'imposant spectacle de la création, on est frappé de la solidarité qu'il proclame partout et entre tout, et l'association est la manifestation volontaire de cette solidarité ; peut-être même celle-ci est-elle la loi naturelle à laquelle les animaux obéissent en se soumettant au joug de l'homme, en se modifiant si facilement et si conformément à ses besoins. L'association est une loi naturelle connue depuis de longs siècles, puisqu'elle est exprimée dans les principes du christianisme par cette maxime : *Toute maison divisée contre elle-même sera détruite ;* et dans le peuple par ce vieil adage : *L'union fait la force.*

En tant que principe général, l'association de secours mutuel est l'astre qui projette la lumière des intérêts matériels ; que ses rayons traversent le prisme de la société humaine, et le spectre qui en résultera offrira le nombre nécessaire de nuances pour que chaque pays suivant ses mœurs, l'instruction et l'intelli-

gence de ses habitants, chaque profession suivant ses besoins,
trouve la couleur la mieux appropriée à l'exigence de ses
intérêts.

N'a-t-on pas droit de regretter d'après cela qu'aujourd'hui
encore le secours mutuel soit presque inconnu en agriculture ? Ce n'est cependant pas que le principe d'association y
soit ignoré, puisqu'on voit souvent deux petits propriétaires unir
leur forces pour exécuter des labours qu'ils ne pourraient faire
isolément ; mais c'est que l'usage traditionnel y est trop respecté,
et qu'en matière de secours le rôle de l'assurance a été dénaturé
par l'agiotage.

Ce sont donc la moralité et l'économie inhérentes au principe
mutuel qui motivent la préférence que nous lui accordons ; mais
c'est à la condition toutefois qu'aucun intérêt particulier de tiers,
onéreux aux sociétaires, ne viendra s'y ingérer. Que ceux-ci
payent au taux actuellement en cours les services que peuvent
leur rendre les capitalistes, cela n'est que juste ; mais qu'en
empruntant un droit sur un fonds préparé *ad hoc*, ils admi-
nistrent eux-mêmes la société mutuelle, et ils ne tomberont pas
dans l'apostasie commune à beaucoup d'assurances vis-à-vis
de leur but réellement philanthropique, la solidarisation des
intérêts pour éviter la ruine individuelle.

Au titre de principe, l'association ressemble à un mécanisme-
type dont les détails doivent varier suivant les lieux où il doit
fonctionner, les individus auxquels il s'adresse, les choses qu'il
doit améliorer et les effets que l'on provoque ; il s'ensuit qu'une
société dirigée contre la mortalité du bétail doit être empreinte
d'un cachet spécial. Appliquées en France, ces sociétés peuvent
être générales ou circonscriptionnelles ; mais chacune des deux
voies ne présente pas les mêmes chances de succès.

Les nombreuses et souvent si inattendues déceptions qu'é-
prouve l'homme dans la carrière agricole contraignent ses idées
à tourner au positivisme en matière d'intérêt. Or, ce genre d'assurance s'adressant presque exclusivement à l'agriculture, on
peut considérer comme une rare exception la réalisation d'adhésions exigeant des actes de foi. Que tous raisonnements et
faits exposés pour convaincre un propriétaire de la campagne
soient empreints de la plus pure vérité , nous le voulons bien ;
mais s'ils ne sont pas physiquement perceptibles aux sens de

l'auditeur, s'ils sont pour lui l'objet du moindre doute, il trouvera lieu d'appliquer le précepte du sage, il s'abstiendra.

Voici donc la situation d'une mutuelle générale :

Impossibilité de démontrer à un proposant : 1° que ses coassociés des contrées éloignées n'offrent pas plus de risques que ceux auxquels il est lui-même soumis ; 2° que s'ils sont plus exposés, la somme de leurs cotisations est exactement proportionnelle à celle de leurs risques ; 3° qu'aucune suspicion ne peut être élevée au sujet du bon état des animaux admis ou à admettre ; 4° enfin, que les animaux malades de tous associés reçoivent les soins intelligents d'un vétérinaire.

En ce qui concerne l'administration, personne ne peut révoquer en doute le droit qu'a tout sociétaire de soigner en même temps ses intérêts particuliers et les intérêts généraux de l'association à laquelle il est lié ; c'est même le devoir de l'adepte fervent. Après chaque exercice et surtout à la suite d'une année calamiteuse, sa conscience vient lui réclamer l'état de ce qu'il a fait pour sa sécurité ; elle ne lui donne quittance finale qu'autant que toute sa sollicitude et sa vigilance ont été déployées ; elle le retient de l'adhésion si l'accomplissement des devoirs qu'elle lui impose exige des sacrifices disproportionnés avec la somme de ses intérêts engagés.

Toujours en raison de l'éloignement du siége social, ces sacrifices seront d'autant moindres, et par conséquent plus facilement consentis, que celui-ci sera plus rapproché ; circonstance qui permettra à l'associé, en assistant aux assemblées générales, de se rendre personnellement compte des causes de succès ou de revers de l'exercice expiré, de l'exactitude des comptes arrêtés et de la loyauté de l'administration. Que le système local abolisse les directions d'arrondissement et les inspections circonscriptionnelles, qu'il transporte son centre administratif au milieu des populations rurales dont il doit servir les intérêts, il deviendra pour chaque sociétaire une grande source d'économie et de sécurité, en leur permettant de suivre et surveiller ses actes pas à pas et sans frais.

En conséquence, que les mutuelles générales soient uniformes ou fédératives, elles semblent devoir céder le pas aux sociétés locales plus ou moins étendues, celles-ci seules pouvant acquérir et conserver le caractère de famille qui est la base morale des affinités dans l'association.

3

IV.

De certaines conditions indispensables aux sociétés mutuelles contre la mortalité du bétail.

La sécurité, l'économie, la loyauté, telles sont les conditions essentielles à rechercher et dont les statuts d'une société doivent démontrer l'existence par l'organisation qu'ils dictent.

Une opération des plus considérables pour une mutuelle contre la mortalité, c'est l'admission, son acte de naissance ; les conditions dans lesquelles elle a lieu sont les milieux plus ou moins purs ou viciés qui favorisent et vivifient le développement de l'institution, ou bien qui la font péricliter après plus ou moins de temps de langueur.

La sécurité, condition *sine quâ non* de toute société de garantie, est, pour celle qui nous occupe, le résultat d'aptitudes spéciales des préposés à constater les bonnes ou mauvaises conditions dans lesquelles se trouvent les animaux à admettre. Les dispositions réglementaires les plus justes, les plus loyales et le mieux en harmonie avec les intérêts généraux de la société et ceux particuliers de l'associé, ne peuvent que mettre en relief la possibilité de la sécurité ; mais la pratique, l'exécution intelligente et loyale des statuts, comportant de grandes exigences d'aptitudes susdites envers les chargés des renseignements à fournir sur la valeur des admissions, en imposent ostensiblement l'existence.

La profession vétérinaire possède naturellement tous les titres aux aptitudes recherchées ; elle seule peut répondre aux besoins qui viennent d'être exprimés, ainsi qu'à ceux qui consistent dans le signalement distinctif et l'estimation des sujets proposés, le traitement des malades admis, l'étude des affections épizootiques et contagieuses et des moyens propres à les limiter, les combattre ou les prévenir.

La combinaison solidaire des intérêts vétérinaires avec ceux de l'association paraît offrir la plus forte somme possible de sécurité : à ce titre elle est indispensable aux institutions qui poursuivent le but dont il s'agit. Les devoirs du vétérinaire sont la probité dans les appréciations qui lui sont confiées et la conscience dans les traitements qu'il doit opérer, conscience qui doit éloigner de lui la négligence et restreindre dans les limites de l'utile les frais qu'il occasionne ; ceux de la société sont la juste rémunération du travail des vétérinaires et l'impartialité de rapport et de convenance avec chacun d'eux, en laissant l'associé libre du choix tant qu'il ne serait en aucune façon préjudiciable à l'association. On comprend qu'il existe plusieurs moyens de sceller cette solidarité et que, par conséquent, des conventions particulières doivent établir celui qui aura été choisi.

Le vétérinaire apporte, comme garantie de moralité et de capacité, un diplôme qui est le fruit d'études longues et sérieuses. Cette raison suffirait à faire exclure tous empiriques, traiteurs et rebouteurs de tous traitements à pratiquer sur des animaux assurés ; donnons-lui plus de poids encore en exposant que ce que l'action de ces ineptes a d'onéreux pour la vie des animaux, la bourse des propriétaires et la morale publique, ne pourrait que compromettre gravement les intérêts et la dignité d'une société.

Il est de nombreuses circonstances qui doivent faire exclure de l'admission les animaux qui les présentent. Les principales sont : une maladie quelconque sur un sujet proposé : dans la localité des aspirants, l'existence d'une maladie épizootique ou contagieuse sur l'espèce à laquelle appartiennent les sujets à admettre ; le mauvais état du bétail en général du proposant ; la maigreur d'un sujet au milieu d'autres bien portants ; les cas de crapaud, d'eaux aux jambes, de maladies anciennes de poitrine, de morve, de farcin, de phthisie du bœuf, de piétin et de pourriture du mouton, de ladrerie du porc, etc. Cependant si l'exclusion doit résulter d'une manière absolue de certaines maladies, comme la morve et la phthisie, pour d'autres, telles que les eaux aux jambes et certaines tares, elle ne doit être que relative à leur état de gravité.

C'est surtout en face de ces difficultés que les sciences vétérinaires sont précieuses, dans l'intérêt de la sécurité sociale, pour la judicieuse appréciation des cas prohibitifs et de ceux d'admission. Quant à l'âge, nous ne croyons pas que l'admission doive être subordonnée à une limite générale fixée sans autre considération : bon nombre de chevaux de dix-huit ans présentent moins de risques momentanés que d'autres de 12 ans ; l'état extérieur et l'embonpoint satisfaisants du sujet, appréciés par le vétérinaire qui les constate, nous paraissent constituer de meilleures garanties que l'âge réel. Il peut arriver que des sujets très-sains au moment de l'admission contractent, dans l'exercice, une affection ou un vice qui motive leur exclusion, cela est même assez fréquent; si, au cas particulier, l'associé a contracté pour plusieurs années, la société devra-t-elle subir les effets de la perte qui peut advenir dans l'exercice suivant? Ce serait injuste, parce qu'il ne peut y avoir de solidarité entre les exercices. Pour éviter toute discussion, en pareille occurrence, il est donc nécessaire d'astreindre l'associé à se soumettre aux conséquences d'une réadmission annuelle pouvant rejeter certains sujets admis dans l'exercice précédent.

L'estimation est une des opérations de l'admission qui a le plus d'importance ; elle en acquiert surtout quand il s'agit d'étalons reproducteurs ou d'animaux de travail et de ceux dont on ne peut plus bien apprécier l'âge. Dans les premiers cas, une estimation trop élevée aurait le grave inconvénient de fournir à certains propriétaires peu scrupuleux l'occasion d'abuser de leurs animaux, et conséquemment d'en augmenter les risques; dans le troisième, si un sujet n'a pas une valeur fixée d'avance (100 fr. par exemple pour le cheval), c'est parce qu'il est trop âgé, malade ou gravement taré, circonstances qui le rendent inadmissible. Le proposant consentirait d'autant plus facilement à l'exclusion de ce dernier que sa moindre valeur laisserait peu de responsabilité pécuniaire ; la société y gagnerait en confiance en mettant ce propriétaire à même de témoigner de la loyauté qui préside à ses opérations en faveur de la sécurité de chacun.

C'est pour ces motifs qu'il paraît urgent de fixer des limites à l'estimation, limites qui, du reste, sont indispensables pour ne pas engager une somme trop considérable sur une vie individuelle.

Rationnellement le maximum de valeur assurable sur une seule tête doit être basé sur le prix approximatif de revient des animaux ; ainsi, pour le cheval qu'on est obligé de conserver les trois premières années de sa vie sans services rendus, une somme de 1,500 francs est au moins suffisante à payer les soins et la nourriture qu'il a coûtés; le bœuf n'étant que deux ans sans donner de produits et étant moins exigeant que le cheval, ne peut valoir plus de 800 fr.; quant au porc, il est rare que sa valeur réelle dépasse 300 fr.: celle du mouton n'est jamais supérieure à 100 francs.

Comme on le voit, nous mettons de côté la valeur capricieuse attribuée à certains sujets ; notre but, étant d'empêcher de perdre et non de faire bénéficier, est atteint en désintéressant les propriétaires de ce que les sinistres leur ont dépensé ; encore nous admettons ces prix élevés plutôt pour satisfaire les intérêts d'acheteurs que pour exprimer une valeur réelle d'animaux dans notre contrée.

Les bases de la limite *minimum* ne peuvent être aussi positives que les précédentes ; pour les fixer, la futilité de l'intérêt particulier paraît être le meilleur objectif, résultat obtenu en leur assignant les valeurs suivantes : pour le cheval, 100 fr., pour le poulain, 75 fr., pour le bœuf et la vache, 80 fr., pour le bouvillon ou la génisse, 50 fr. ; enfin pour le porc et le mouton, 40 fr.

Entre les limites ci-dessus la marge est large et peut être divisée en un grand nombre de degrés qui, pour faciliter la comptabilité, peuvent être de 10 fr. chacun pour le cheval et le bœuf, et de 5 fr. pour le porc et le mouton. En supposant que chaque degré trouve lieu d'être appliqué à un ou plusieurs animaux, l'estimation relative n'en offrira pas moins encore certaines difficultés, en raison des nombreuses variations qu'éprouvent les cours commerciaux sur lesquels beaucoup de propriétaires insisteraient à se baser, et que la société ne peut accepter comme règle générale. La valeur intrinsèque du bétail peut donc seule être prise en considération. Mais comment la déterminer approximativement ? La viande, constituant presque toujours la valeur du bœuf, du mouton et du porc, rend l'estimation de ces animaux facile par l'appréciation de leur volume, de leur poids et de leur race. Il n'en est pas de même du cheval, dont certaines conformations font souvent tout le prix ; cependant dans cette espèce il n'y a guère que les reproducteurs, et surtout l'étalon, qui ne puissent être rapportés à une valeur moyenne. Au milieu de ces difficultés, les sociétés locales peuvent avoir recours à un moyen qui les aplanirait en établissant autant d'uniformité que possible dans les évaluations, de sorte que si ces dernières sont faibles, elles le seront pour tous, et elles devront plutôt être faibles que fortes ; c'est un contrôle unique et spécial, duquel pourrait surgir un abaissement ou une élévation dans les prix, suivant l'appréciation personnelle de son auteur, désintéressé forcément, n'ayant aucune connaissance des adhérents.

L'impartialité dans l'estimation des valeurs à admettre et de celles à indemniser oppose un obstacle infranchissable à la spéculation de la part des adhérents ; spéculation que ne peuvent tolérer les mutuelles, parce que, ne pouvant en faire pour rester loyales, elles succomberaient à défaut de réciprocité de moyens et d'intérêts. Il importe donc au succès de l'institution que la conscience dirige exclusivement le capable estimateur de valeurs admissibles et de valeurs sinistrées.

Plus l'estimation des valeurs à admettre sera près de leur valeur réelle, plus celle des sinistres sera facile, parce que la première est un point de repère pour la seconde. En raison de l'exactitude approximative de celle-là, celle-ci deviendra même inutile dans beaucoup de cas, car il n'est qu'équitable d'indemniser sur la somme entière attribuée dans le contrat à des animaux qui ne doivent pas changer de valeur dans l'année sociale. Il n'en est pas de même du porc et des jeunes sujets des grandes espèces, pour l'appréciation desquels l'estimateur doit toujours représenter à l'aspirant les circonstances qui lui sont favorables ou onéreuses, et le procédé loyal à suivre pour concilier tous intérêts en présence, en lui faisant sentir toute l'importance qu'il y a à user de moyens identiques envers tous proposants.

Qu'un propriétaire présente au début d'un exercice un porc qui vient de lui coûter 15 fr., une génisse de six mois qui vaut 80 fr., un poulain d'un an qui vaut 150 fr.; chacun de ces animaux peut acquérir 100 fr. de valeur réelle dans le cours de l'année. Si à la dernière époque de celle-ci la mort frappe le porc surtout et que l'estimateur ne l'ait porté qu'à 15 fr., l'associé éprouvera une énorme perte relative lui enlevant tout le bénéfice qu'il doit légitimement attendre de la garantie, parce qu'il ne pourra être indemnisé que suivant le prix porté au contrat; s'il est vrai que la cotisation n'aura été que proportionnelle, il est évident aussi qu'aucun propriétaire ne vise à cette économie pour n'assurer que 1/8 de la valeur de sa propriété; il assure approximativement la valeur entière ou il n'assure pas. En pareille occurrence il est donc judicieux d'estimer un sujet à la valeur probable qu'il aura acquise à la fin de l'exercice, en ayant soin de relater à part celle actuelle pour obtenir une règle juste et uniforme dans l'appréciation des sinistres, en proportionnant la différence des deux valeurs avec le temps à courir pour atteindre l'époque de la plus forte.

Mais la mortalité a souvent lieu à un moment de l'année où s'est manifestée une augmentation n'ayant pas encore atteint le prix de la plus forte estimation ; l'indemnité ne pouvant être que relative à la somme de la perte réelle devra, au cas particulier, être calculée d'après la valeur du sujet au moment de la mort ; de là semble nécessaire une expertise qui entraîne toujours des frais et quelquefois des difficultés. De puissantes raisons d'économie et de bonne harmonie entre la société et l'associé nous portent à éviter les expertises, chose facile contre la mortalité où le détail se fait par tête et le sinistre en détruit complètement un objet, mais impossible contre la grêle et l'incendie où les fléaux laissent presque toujours après eux une certaine valeur aux objets endommagés. Pour cela il s'agit de préciser qu'à l'occasion la valeur de la perte sera du prix le plus faible augmenté proportionnellement au temps écoulé depuis l'admission et à la différence des deux prix extrêmes ; cette différence étant divisée en autant de parties égales que le contrat a de mois à courir dans l'exercice, il sera ajouté au prix minimum autant de ces parties qu'il y aura de mois écoulés depuis la date de l'engagement pour ledit exercice.

Un exemple nous rendra plus intelligible. Un porc est placé en garantie en janvier : valeur au moment de l'admission 20 fr.; valeur au 31 décembre, fin de l'exercice, 80 fr.; la différence de ces deux valeurs est de 60 fr. et les mois à courir sont au nombre de douze, ce qui donne 5 fr. d'augmentation pour chaque mois. Ce porc meurt en juillet, par conséquent six mois après l'admission ; la valeur sur laquelle devra être basée l'indemnité sera donc de : 1° prix minimum 20 fr.; 2° somme de six mois à 5 fr. l'un, 30 fr.; en tout 50 fr. pour la valeur réelle de la perte. Au lieu de diviser la différence par mois infractionnables, on pourrait la diviser par quinzaines et même par semaines.

Il est une condition indispensable en matière d'assurances où les sinistres peuvent varier de 1 à 3, comme dans celles bétail ; c'est la *Franchise*, ainsi nommée parce que l'assureur y trouve moyen de s'affranchir d'une certaine partie des pertes à réparer. En augmentant la cotisation des sinistrés, la franchise satisfait à toutes exigences de loyauté et d'équité, parce qu'elle proportionne la contribution aux risques dont la mortalité apporte la preuve ; elle intéresse l'associé, par la responsabilité qu'elle lui laisse, à la conservation de son bétail et garantit des soins dont il l'entourera ; en un mot elle concilie les intérêts des sociétaires avec les moyens d'existence et de prospérité de l'être collectif société. En laissant 1/5 de la perte à la charge de ceux qui l'éprouvent, la franchise ne peut être cause d'aucune gêne sérieuse, seul cas qui mérite la considération des mutuelles dont cette combinaison affirme les fins.

Cependant il est des conditions, assez fréquentes encore, où il deviendrait injuste d'exercer la franchise ; tel est le cas de l'expédition à l'abattoir, pour cause de maladie, d'une vache dont le prix réalisé serait supérieur à la somme des indemnités dues pour cette bête ; cas pour lequel il est juste de considérer l'associé comme vendeur libre de sa propriété et de lui en attribuer tout le prix, parce que la société ne peut s'arroger le droit illégitime de bénéficier qu'elle doit refuser à l'associé.

Que cette vente ne produise qu'une somme inférieure à celle due au sociétaire pour la bête qu'il vend forcément, et les droits de ce dernier contre la société ne seront justement satisfaits que si elle complète l'indemnisation de ses propres deniers.

Etant un des plus précieux caractères des mutuelles, le sentiment de famille doit être conservé à celles contre la mortalité ; elles devront donc exclure de leur sein tous les animaux qui remplissent des fins étrangères à celles de la profession qui s'associe. Il s'ensuit qu'une société agricole ne doit pas admettre de chevaux de roulage, de poste, de diligences, ainsi que les bœufs engraissés dans les distilleries, sucreries et autres établissements industriels qui ne seraient pas accessoires d'une exploitation agricole.

A côté de ce sentiment il est une puissante raison d'intérêt qui doit déterminer l'agriculture à prohiber l'admission de bétail préposé à des services étrangers ; c'est la somme des risques que les animaux y courent. Bien qu'on puisse établir plusieurs classes cotisatives, la formation de tarifs, exactement relatifs aux chances de mortalité dans chacune, est impossible ; pour le démontrer il suffit de mettre en présence les progressions de la mortalité, de minimum à maximum, qui frappe le cheval suivant divers services auxquels il est employé.

En agriculture la perte d'année heureuse à année malheureuse
est de 1 à 4, différence 3. Dans les services susdits les sinistres
annuels varient de 2 à 8, différence 6, deux fois plus grande que
la première. Donc les sinistres échéant de part et d'autre et les
cotisations représentant la moyenne de la mortalité dans chaque
classe, l'agriculture payerait 6 aux services spéciaux et ne
pourrait en retirer que 3 ; d'où une perte prohibant certainement les adhésions de cultivateurs intelligents à une société qui
solidariserait ces divers risques.

Ce sont des raisons identiques qui militent en faveur de la
division du bétail agricole admissible en trois caisses sans
solidarité, et la formation de chacune d'elles par des espèces qui
présentent sensiblement les mêmes risques, comme :

1re caisse, espèces { chevaline.
                     { asine.
                     { mulassière.

2e caisse, espèce   bovine.

3e caisse, espèces { ovine.
                    { porcine.
                    { caprine.

Cette façon de classer le bétail a encore le grand avantage de
conserver au propriétaire la liberté de ne s'engager que dans
une caisse, sans nuire aux intérêts généraux de la société et tout
en tenant les siens dans de loyales mesures. La liberté d'action
est légitimement chère au propriétaire ; elle nous paraît si
essentielle à lui conserver qu'il ne nous répugnerait pas
d'accepter une partie seulement des animaux, d'une caisse,
appartenant à un proposant ; mais dans ce cas le préposé à
l'admission procéderait par le choix des sujets dudit proposant,
qui se trouveraient dans les meilleures conditions de santé,
d'âge, de valeur et de service à effectuer.

Un grand nombre de cultivateurs trouvent intérêt à spéculer
sur le commerce de bétail ; il est utile que leur économie dans
ce sens ne soit gênée en rien, et surtout qu'elle ne leur occasionne
pas le payement d'une prime pour des animaux qu'ils auraient
vendus dans le cours d'un exercice et qu'ils n'auraient pas
remplacés. Dans ce cas, cependant, l'intérêt de la société lui
commande des mesures conciliatrices avec celui de l'associé, en

stipulant que l'animal vendu et non remplacé payera de la cotisation autant de douzièmes qu'il y aura de mois écoulés entre et y compris celui dans lequel a eu lieu l'admission et celui de la vente dans l'exercice, quelle que soit du reste la date de chacun de ces actes dans les mois où ils ont été accomplis ; mais le porc doit être excepté de cette prescription partout où il est tué pour les besoins du ménage ; du reste, on ne le sacrifie le plus souvent qu'en décembre, fin de l'exercice.

La classification et les exclusions dont il vient d'être parlé sont donc dictées par des règles d'équité ; elles sont d'autant plus précieuses que la mortalité annuelle peut subir d'énormes variations dans une caisse, et qu'y étant le plus exposée la troisième jouerait vis-à-vis des deux autres le rôle des chevaux de service au trot envers ceux de l'agriculture. S'il en était autrement, avec ce péril connu, avec la liberté que nous avons reconnue si essentielle aux adhésions, avec le système de solidarité générale en vigueur, de nombreux adhérents spécula-teurs n'assureraient que porcs et moutons aux dépens de ceux qui s'engageraient pour d'autres animaux.

Des adhésions peuvent être obtenues dans chaque jour d'un exercice (que l'usage général des assurances a fixé à une année); quelle doit en être la cotisation pour 100 d'estimation ? Il sem-blerait au premier abord que, pour être juste, elle dût être exactement proportionnelle au temps, dans l'exercice, que doit durer la contractation ; il n'en est rien. Ce serait un motif de spé-culation pour beaucoup de propriétaires qui ne contracteraient qu'en *mai* ou *juin,* pour payer moins cher que les adhérents de *janvier,* tout en ayant droit aux mêmes indemnités, parce qu'ils connaissent très-bien ce fait de notre pays, que ce n'est qu'à partir de la première époque que la mortalité est plus fréquente sur les animaux, soit en raison des lourds travaux qu'ils viennent d'opérer dans les labours du printemps et de ceux qu'ils doivent fournir ultérieurement, soit à cause de la transition, souvent brusque, du régime sec à celui des herbes nouvelles qui occa-sionnent de nombreux accidents ; puis la météorisation qui résulte du pâturage doit aussi être mise en ligne de compte. Pour des raisons moins connues, c'est en juillet et août que s'observent les grandes pertes sur le porc. Alors les proposants pourraient ne s'assurer que pour les deux derniers tiers de l'année dans les deux premières caisses et pour la moitié seulement dans la troisième, afin de ne payer que proportionnellement à ce temps. On comprendra, dans ces conditions, l'impuissance d'une société à s'acquitter envers ses associés, à moins de fixer les cotisations à un taux prohibitif, puisque le plus souvent elle ne recevrait que les deux tiers ou la moitié du taux de la cotisation.

En n'acceptant ces adhésions que pour au moins une année, le remède au mal ne serait qu'apparent, attendu que, faisant partie de deux exercices insolidaires, la contractation serait toujours onéreuse à la première année, par la cotisation proportionnelle au temps pour la durée qui s'y rapporterait : qui ne sait que des résultats du premier exercice dépend souvent l'avenir d'une société ? Cette façon de procéder ferait payer par l'adhérent toute la somme des risques qu'il court, et ne changerait nullement la situation de la société.

On parerait à ces difficultés en faisant partir l'exercice du premier juin, mais on sortirait d'un cercle vicieux pour rentrer dans un autre qui consisterait dans l'impossibilité, pour une société purement agricole, d'opérer les visites de réadmission annuelle, d'une si grande importance, à cette époque de l'année où le propriétaire de bétail est constamment dans les champs, et dans la difficulté de réunir l'assemblée générale ; puis le possesseur de porcs devant être sacrifiés en décembre ou janvier et ne devant être remplacés qu'en mars ou avril, et quelquefois plus tard, ne serait-il pas encore assuré pendant les mois des plus grands risques ?

La date du premier janvier pour commencement de l'exercice, qui finit au trente-un décembre, paraît aussi convenable que toute autre, à la condition que, pris en considération le temps écoulé pour des associations consenties dans le cours de l'année, la prime sera tenue à la hauteur des risques en fixant, pour chaque mois, le prix infractionnable que l'adhérent aura à payer pour la garantie pendant l'exercice en cours.

Nous sommes heureux de manifester, ici, notre plus vive reconnaissance à MM. les directeurs des écoles vétérinaires de Lyon et de Toulouse qui, sur notre demande, ont eu la généreuse obligeance de nous faire connaître le nombre d'animaux présentés aux visites cliniques, ou reçus aux infirmeries de leurs écoles respectives, dans chaque mois de chaque année, depuis 1853 jusque 1866 inclusivement.

Voici, en chiffres proportionnels, les résultats généraux de ces importants documents statistiques et de notre observation depuis douze ans : sur 100 malades, chaque mois en a présenté en moyenne :

Janvier.	Février.	Mars.	Avril.	Mai.	Juin.	Juillet.	Aout.	Septembre.	Octobre.	Novembre.	Décembre.
6.45	6.39	7.69	8.99	10.03	9.97	10.59	9.79	8.44	7.86	7.37	6.53

Bien que ces données statistiques n'expriment le nombre proportionnel que des maladies observées dans chaque mois, on n'en doit pas moins admettre que la cotisation afférente à un mois doit être relative au nombre des cas morbides qui se manifestent habituellement dans cette partie de l'année, parce que le risque de mortalité est nécessairement en rapport direct avec celui des maladies. Il suit de là que l'adhérent de février, quoique ne profitant de l'assurance que pendant onze mois sur douze, doit être soumis à une cotisation, non 1/12 ou 8,33 p. 0/0, mais seulement 1/16 environ ou 6,45 p. 0/0 inférieure à la contribution annuelle, parce qu'il n'a réellement que 1/16 de moins de risques à courir que celui de janvier ; la cotisation des autres mois devra être calculée d'après le nombre p. 0/0 des risques disparus par le temps écoulé.

Il est une affection qui occasionne partout de nombreux cas de mortalité sur l'espèce bovine, c'est la météorisation déterminée par la nourriture avec les fourrages verts artificiels pris au pâturage ou distribués à l'étable. Cette affection a une marche très-rapide ; dans quelques cas la mort menace les malades en si peu de temps, que s'ils se trouvent seulement à quelques kilomètres du vétérinaire, celui-ci ne peut arriver assez vite pour leur sauver la vie. Une opération simple et praticable par tous, la ponction du rumen, effectuée avec un instrument appelé *trocart,* est toujours le moyen suivi des meilleurs résultats, si le cas a la moindre gravité ; les effets salutaires de ce procédé rendent de nombreux services, et les plaies qui en résultent sont toujours inoffensives. La même opération est indiquée, en attendant le vétérinaire, dans la tympanite causée par la présence d'un corps étranger dans l'œsophage, pomme de terre ou betterave que les ruminants prennent gloutonnement.

La société, trouvant une grande garantie de sécurité dans la possession du trocart par l'associé, doit contraindre ce dernier à se le procurer. Pour la même raison, elle doit aussi exiger qu'il se soumette à l'exécution de toutes mesures préservatrices que l'état de son bétail ou des circonstances extérieures imprévues pourraient dicter, serait-ce même l'abattage. Au nombre de ces mesures nous placerons particulièrement l'inoculation contre les invasions de la clavelée et de la péripneumonie contagieuse, ainsi que celles de police sanitaire édictées par des lois ou règlements quand même elles devraient être appliquées sur des animaux non assurés ; à l'égard de ces derniers, l'observation desdites mesures est même d'un certain intérêt pour l'associé qui peut devenir responsable, envers la société, des maladies qu'ils auraient transmises à des animaux qu'elle garantit.

Il ne serait pas non plus inutile qu'une société contre la mortalité du bétail mît ses adhérents en possession des moyens de traitement préservatif et curatif des maladies à marche rapide qui atteignent les animaux, comme les coliques et le coup de chaleur chez le cheval, la météorisation et le charbon du bœuf et du mouton, etc.

Seulement un mot d'observation sur l'administration.

Outre une commission gratuite préposée aux mêmes fonctions que celles des sociétés existantes, il devient utile à une institution contre la mortalité d'établir un comité d'administration, également gratuit, composé d'un ou plusieurs membres par canton élus par leurs coassociés locaux, et appelés à émettre leur avis sur la valeur des propositions, la justesse des estimations, l'exactitude ou l'incurie et la conscience des vétérinaires. Des pouvoirs spéciaux devront être conférés à chaque membre de ces comités pour ordonner, d'urgence et d'après avis du vétérinaire, l'abattage ou la vente de sujets malades ou tarés, dans l'intérêt social que le temps exigé pour obtenir des ordres supérieurs pourrait souvent compromettre.

Dans le but de mettre tout associé à même de connaître et défendre ses droits moraux et matériels envers la société, chacun d'eux devra être convoqué aux assemblées générales qui seraient seules nanties de pouvoirs souverains pour statuer sur toutes questions. Des assemblées cantonales, à l'appréciation desquelles toutes questions seraient soumises avant d'être traitées en réunion générale, permettraient économiquement aux associés de se rendre compte des actes de l'administration qu'ils pourraient suivre pas à pas. Ces assemblées partielles pourraient émettre des vœux et charger un ou plusieurs de leurs membres d'en porter la défense au sein de l'assemblée générale.

Tout ce qui vient d'être dit des conditions particulières s'applique à tous les systèmes d'assurance : il reste à examiner les questions relatives aux cotisations et aux fonds de réserve que nous avons dû distraire du rang qu'elles devaient occuper, parce qu'elles doivent être soumises à des règles différentes, suivant la nature des institutions ; mais, avant d'entrer dans les particularités, disons d'abord un mot de ce que ces questions ont de commun au système *mutuel* avec *capital* et au système de *secours*.

Les primes ou cotisations sont les moyens pécuniaires qui doivent être mis au service d'une société pour lui permettre de se libérer de ses engagements matériels. C'est donc un des points culminants de toute assurance ou institution de secours, parce qu'il faut que son taux soit compatible avec la sécurité économique des associés, en même temps qu'il permette de satisfaire aux diverses charges sociales. Le taux cotisatif doit donc se rapprocher autant que possible de celui de la moyenne des pertes ; mais de cette cotisation moyenne résulterait évidemment l'excès en année heureuse et l'insuffisance en année calamiteuse, ce qui conduit naturellement aux fonds de réserve.

Toutes les sociétés d'assurance mutuelle ont reconnu la nécessité des fonds de réserve destinés à parer aux pertes d'exercices calamiteux ; la plupart les constituent avec l'excès des pertes sur les dépenses dans de bonnes années. Ce moyen ne nous paraît pas assez équitable parce que l'assuré depuis vingt ans, qui se trouverait dépossédé de ses animaux ensuite de mauvaise fortune, ou même qui les vendrait, n'ayant plus aucun risque à courir, aurait fourni à ses coassociés et successeurs une garantie pécuniaire qu'il ne leur doit pas.

En raison d'une spéculation purement aléatoire qui peut lui être onéreuse, l'associé doit-il être tributaire d'une société qui lui a procuré des garanties, peut-être même du bénéfice ?

Oui ! parce qu'en mutualité l'associé est membre d'une grande famille, à l'existence et à la prospérité de laquelle il doit sa part de subvention. Oui ! parce qu'il ne peut échapper à la solidarité qui, étant une loi de création, est au plus haut degré impérieuse en famille. Si la société, agissant en père juste et bon, abandonne une portion de son avoir au membre sortant, en individu sage et prévoyant, elle doit aussi se garder une garantie d'existence. Il suit de là qu'une portion des fonds de réserve doit rester la propriété inattaquable de l'être collectif société, et que l'autre partie doit être remboursable à ceux qui l'ont fournie ; mais dans quelles proportions et à quelles conditions la première doit-elle être abandonnée par l'assuré ?

L'adhérent à une société mutuelle est assureur et assuré : au premier titre, il doit une garantie qu'il fournit dans la portion du fonds de réserve au remboursement de laquelle il n'a pas de droit, et il doit en recevoir l'intérêt qui se balance par les charges que lui impose naturellement la seconde qualité. Une fois retiré de la société pour une raison quelconque, il ne sera plus assuré et n'aura plus aucune satisfaction à y apporter ; mais ne sera-t-il plus assureur au moyen de la partie de la réserve qu'il laisse ? S'il reste assureur, il doit retirer l'intérêt de son capital de garantie.

Les fonds de réserve ont une telle importance pour une société contre la mortalité, qu'elle doit rechercher un moyen de les créer sûrement ; pour cela, nous croyons à l'efficacité de la modicité des mises en prélevant, bon an mal an, 0 fr. 20 p. 0/0 de valeur, dont le quart constituerait la propriété exclusivement sociale.

Nous comprenons que la lenteur avec laquelle notre procédé arrivera à un résultat suffisant est un grave inconvénient ; mais nous le préférons cependant à ceux qui lèsent les intérêts particuliers des associés ayant contracté avant que la réserve ait atteint son maximum, au profit de leurs successeurs. Pourquoi ceux-ci ne payeraient-ils pas aussi leur tribut de reconnaissance ? Nous le préférons parce qu'il assure la constitution d'un fonds de réserve et d'un capital social.

Dans une *mutuelle à capital social*, qui crée un fonds de réserve, comme nous venons de le signaler, le taux de la cotisation doit être égal, p. 0/0, aux divers frais, à la mise à la réserve et à la somme moyenne des pertes ; c'est donc une affaire de

recherches statistiques pour toutes les localités qui veulent constituer des sociétés ; encore, étant admis que le capital doit être
rétabli dans son intégrité à la fin d'une période quelconque par
une cotisation supplémentaire, si besoin est, une juste limite est
peu importante à la condition qu'en année heureuse l'excès ne
serait pas recouvrable ou serait restituable à l'associé.

Le payement des indemnités devant avoir lieu aussitôt après
l'ordonnancement des sinistres et le plus tôt possible après leur
manifestation, il devient évident que la cotisation entière pour
l'exercice doit être recouvrable au moment de la contractation,
parce qu'à la même époque commence la dette de la société en
cas de sinistre.

Dans ce procédé, le capital étant le résultat d'un emprunt
garanti par les assurés, la partie du fonds de réserve qui appar-
tient en principal à la société devrait servir à l'amortissement
de la dette par le remboursement de chaque action, successi-
vement, dont le numéro sera désigné par le tirage au sort ;
l'autre partie, formée des 3/4 de la mise, serait destinée à secou-
rir les cotisations, au besoin, avant qu'il puisse être touché au
capital emprunté.

En *secours mutuel,* titre qui exprime suffisamment le caractère essentiel de l'institution, un fonds cotisatif est destiné à être
réparti, au marc le franc des pertes, entre les sinistrés dans un
exercice, jusqu'à concurrence de la limite assignée à la cotisation
par l'importance de la franchise, limite qui, une fois atteinte,
laisserait l'excès des cotisations irrécouvrable.

Une cotisation illimitée ou portée à un prix excessif, 10 p. 0/0
par exemple, garantirait une indemnisation constamment complète ; mais la difficulté serait de trouver des adhérents qui contracteraient sans connaître l'importance de leur engagement
dans le premier cas, et avec la perspective d'une contribution
possible effrayante dans le second. Or, pas de sociétaires, pas de
société. Ce n'est pas que la cotisation illimitée ne nous paraisse
le moyen de l'avenir, nous en avons même la conviction ; mais
dans notre siècle, encore peu initié aux principes de la mutualité, où se remarquent surtout l'égoïsme et la méfiance, il ne
paraît pas prudent de vouloir d'un seul bond atteindre la cime
de l'arbre de l'association. Que de mutualistes, visant de bonne
foi à l'assurance réelle, s'ingénient à trouver ailleurs que dans

la cotisation illimitée des moyens qu'ils croient sûrs, sans capital ou fonds de réserve préalable, mais qui, une fois passés au crible des appréciations publiques, ne méritent une place que dans la classe des secours.

Dès lors, l'indemnisation ne devant être que relative à la cotisation, le taux à assigner à celle-ci est peu important et doit être fixé conformément à la volonté des sociétaires fondateurs.

Dans ce procédé, l'époque du recouvrement des cotisations et celle du payement des indemnités doivent être immédiatement successives. Il n'est pas admissible qu'on puisse recouvrer toute la cotisation d'avance pour solder les sinistres au fur et à mesure de leur manifestation, parce que rien ne prouve qu'une mortalité imprévue ne viendra pas réduire le taux fixé pour les indemnités, ou du moins ce taux est inconnu avant le règlement des comptes de l'exercice. Que tout ou partie de la contribution soit exigée au moment de la contractation, une société de secours, pour ne pas s'exposer aux déceptions et même aux récriminations, ne devra indemniser de suite après la perte que par à-compte, dans les proportions que lui permettra l'importance de la cotisation, en calculant qu'elle peut avoir à réparer des sinistres un tiers plus élevés que les plus grands risques connus, soit : 6 p. 0/0 pour le cheval, 5 p. 0/0 pour le bœuf, et 15 p. 0/0 pour le porc et le mouton.

Supposons, par exemple, que la cotisation afférente au cheval soit de 2 p. 0/0 ; comme elle ne représente que le tiers de celle des pertes maximum sur lesquelles la société a droit de compter pour se trouver dans de grandes probabilités d'une équitable répartition, l'à-compte immédiatement après le sinistre ne devra être que du tiers de la somme due à l'associé.

Néanmoins, malgré les inconvénients que peut présenter le système d'indemnisation à la fin de chaque exercice, nous le préférons encore à cause de sa certitude d'une juste répartition, et parce qu'il permet de ne recouvrer les cotisations qu'à la même époque.

4

V.

Résumé.

MUTUALITÉ AVEC CAPITAL DE GARANTIE.

Constitution de la société pour dix années consécutives au moins, comprenant dix exercices, dont chacun commence le 1er janvier et finit le 31 décembre.

Action limitée à l'étendue de quelques départements. Ayant pour objet : d'indemniser les pertes de bétail par maladies ou accidents ; de créer et d'administrer des clos d'équarrissage, et d'instituer pour ses propres besoins un service vétérinaire et de pharmacie.

Exclusion de tous animaux préposés à des fins étrangères aux services ou produits agricoles.

Classement du bétail admissible en trois caisses sans solidarité.

Admission, substitution, augmentation devant être appuyées d'un certificat de vétérinaire constatant le bon état et la valeur des animaux proposés, et devant aussi être apostillée par un assuré membre du comité local. Liberté du proposant de n'assurer qu'une partie de son bétail d'une caisse ; dans ce cas, choix des meilleurs animaux.

Estimation faite par le vétérinaire, et, pour les animaux qui doivent acquérir de la valeur dans l'exercice, fixation d'un prix actuel et d'une valeur *maxima* à la fin de l'année. Limites *maximum* et *minimum* fixées pour l'estimation. Visite de réadmission et de réestimation annuelles chez les assurés pour plusieurs années. Agence de contrôle avec pouvoir de rejeter certains animaux admis et d'élever ou abaisser les estimations.

Cotisation fixée par 100 fr. de valeur, devant comprendre : la moyenne des sinistres p. 0/0 ; la rémunération due aux vétérinaires pour leurs travaux divers, dont les frais sont à la charge de la société ; le prix moyen des médicaments fournis par la société ; les frais d'administration et la mise à la réserve : diminution de la cotisation d'animaux vendus et non remplacés ; recouvrement de la cotisation au moment de l'admission.

Franchise de 1/5 de la valeur des sinistres : indemnités des

4/5 du prix porté au contrat pour les animaux à valeur invariable ; pour ceux qui doivent en acquérir, indemnité des 4/5 du
prix le plus faible porté au contrat, augmenté proportionnellement au temps écoulé depuis l'admission ; payement des indemnités de suite après la mortalité ; attribution à l'assuré du prix
de vente, par ordre de l'administration, s'il est supérieur aux
indemnités dues par la société.

Obligation de l'assuré, sous sa responsabilité particulière :
de prévenir immédiatement le vétérinaire en cas de maladies
ou d'accidents sur ses grands animaux, ou d'une maladie épizootique sur un troupeau de moutons, et d'exécuter ses prescriptions ; de se soumettre à et de favoriser toutes mesures préservatrices ; de posséder un trocart avec un nombre de canules
proportionnel au nombre de ses bêtes bovines, s'il est assuré à
la deuxième caisse ; de livrer à la société tous produits de
dépouille et débris cadavériques provenant de la mort d'animaux
assurés ; de se soumettre aux ordres de vente et d'abattage d'animaux en garantie ; de subroger la société en tous ses droits contre
tous garants, à quelque titre que ce soit ; enfin, de supporter
tous frais de contrat, de timbre, de répertoire et d'enregistre-
ment, s'il y a lieu.

Obligation de la société : de fournir un capital de garantie
représentant au moins 3 p. 0/0 des valeurs assurées, dont la part
d'intérêt supportée par les associés ne dépassera pas 4 p. 0/0, ces
associés garantissant entre eux l'intégrité de ce capital, à l'expiration de la société ; de subvenir à toutes charges de vétérinaires
et substances pharmaceutiques ; à la fin de chaque exercice, de
restituer à l'assuré la proportion des cotisations excédant les
besoins.

Prélèvement sur les cotisations d'un fonds de réserve dont le
quart doit, après chaque exercice, servir à l'amortissement du
capital emprunté ; restitution à l'assuré sortant de sa part proportionnelle dans les trois autres quarts dudit fonds, et déli-
vrance d'un coupon d'intérêt à son bénéfice pour la portion
qu'il aura apportée au premier quart.

Conseil vétérinaire, à nombre limité de membres, chargé des
intérêts professionnels et particuliers de la profession dans les
rapports qu'ils ont avec ceux de la société et des associés ; de
l'achat des médicaments et de la surveillance de leur qualité :

de l'analyse des rapports mensuels que tout vétérinaire doit fournir, relatant l'état général du bétail dans la localité, les causes présumées des maladies graves épizootiques et contagieuses ou non, s'il s'y en est manifesté ; établissant un tableau statistique de la nature et du nombre des maladies qui ont réclamé ses soins, des moyens de traitement qu'il a employés et des cas de mortalité observés ; enfin, de déduire de cette analyse des conclusions rationnelles sur lesquelles doivent être basés les moyens préservatifs et curatifs des maladies au plus grand intérêt de la société.

Comme administration. L'assemblée générale, à laquelle tous associés devront être convoqués, seule nantie des pouvoirs souverains pour statuer sur toutes questions, arrêter tous comptes, et établir les pouvoirs et la mission du conseil d'administration. Un conseil d'administration chargé de faire exécuter les statuts, de surveiller la comptabilité, la direction et l'usage des fonds sociaux ; d'ordonnancer les sinistres ; d'en surveiller la réalité, l'exactitude de l'estimation, la liquidation, et les circonstances dans lesquelles ils ont eu lieu ; enfin, de faire tout ce qui, dans l'intérêt particulier ou général, ne peut attendre la solution de l'assemblée générale, à laquelle il devra rendre compte de ses actes et observations. Ce conseil devra être élu en assemblée générale par la voie du scrutin secret. Un comité cantonal de surveillance à chacun des membres duquel pouvoir serait donné d'ordonner la vente ou l'abattage d'animaux dans des cas pressants ; il serait particulièrement destiné à surveiller les admissions, les estimations et les soins donnés aux animaux assurés de sa circonscription. Des assemblées cantonales consultées avant la réunion de l'assemblée générale, et nommant les membres du comité local. En somme, une administration fédérative.

Le mode de secours mutuel ne différerait que quant à l'époque du recouvrement des cotisations et du payement des indemnités qui devraient avoir lieu à l'expiration des exercices, le quart du fonds de réserve créant un capital social au lieu d'amortir l'emprunt.

FIN.

TABLE

DES MATIÈRES

www.ingramcontent.com/pod-product-compliance
Lightning Source LLC
LaVergne TN
LVHW021827170726
843503LV00007B/3349